Barbara
Armbruster

Meins
Mine

Vorwort

Das vorliegende Künstlerbuch von Barbara Armbruster vereint Bildarbeiten, die in der Zeitspanne der Jahre zwischen 2002 und 2019 entstanden sind, mit Texten von Autorinnen und Autoren aus ganz verschiedenen Bereichen. Dem interdisziplinären Ansatz der inhaltlichen Auseinandersetzung mit kultureller wie gesellschaftlicher Identitätsbildung entspricht formalästhetisch das dialogische Verhältnis der von ihr verwendeten Darstellungsmedien. Malerei, Zeichnung, skulpturale Objekte, Fotografie und Videos finden sich so nicht nur in den jeweiligen Ausstellungssituationen in den Museumsräumen und von Galerien zu miteinander korrespondierenden Installationen zusammen. Vielmehr ermöglicht die Zusammenschau im Buch, die über die Jahre kontinuierlich entwickelte, eigenständige Ausdruckssprache Barbara Armbrusters intensiver nachvollziehen zu können. Bild und Text – darunter ausschnitthaft eigene Statements der Künstlerin selbst – verweisen in ihrem auf bestimmte Themen und Motivkreise konzentrierten Wechselspiel dabei bewusst auch auf unterschiedlich mögliche Lesbarkeiten, ja fordern sie geradezu heraus. Auf diese Weise ergeben sich unerwartet vielfältige „wundersame Begegnungen", wie sie Barbara Armbruster benennt: hier gestische Linienspur und da arabische Kalligrafien, zeichnerisch erfasste Naturform und über die Jahrhunderte stilisierte Ornamentik, schier archivalische Farbordnungen in der Malerei einerseits und fotografische Inszenierungen von Gegenstand und Figur in unversehens mysteriös erscheinenden Alltagsarchitekturen auf der anderen Seite. Über alle Übersprünge hinweg entfalten die so gesammelten Chiffren, Zeichen und Strukturen ein selbstsinniges Sehen und Wahrnehmen in einer weitgehend globalisierten Welt, das die Distanz von Orten und von Zeiten leichthin überwindet.

Foreword

The presented artist's book by Barbara Armbruster melds visual works created between 2002 and 2019 with texts by authors from very different fields. The interdisciplinary approach of dealing with cultural and social identity formation, in terms of content, corresponds formally and aesthetically the dialogical relationship in the employed media. Painting, drawing, sculptural objects, photography and videos; thus, are brought together not only in the respective exhibition situations housed in the museums and galleries, to form corresponding installations; rather, the synopsis in the book permits the reader to understand Barbara Armbruster's unique language of expression more intensively; which has been continuously developed over the years. Image and text, including excerpts of statements by the artist herself, refer deliberately – in concentrated interplay of certain thematic elements – to different possibilities of assimilation, or potentially invite challenge. In this way, unexpectedly diverse "wondrous encounters" arise, as Barbara Armbruster calls them: Here, gestural traces of lines; and there, Arabic calligraphies; natural forms captured in drawings and ornamentation, stylized over the centuries; sheer archival orders of colour in painting on the one hand, and photographic staging of object and figure in everyday tableaux – appearing surprisingly mysterious – on the other. Over all the leaps and bounds, the collected ciphers, signs and structures unfold a kind of self-contained seeing and perceiving in a largely globalised world, that easily overcomes the distance from places and times.

Clemens Ottnad, Kunsthistoriker | *art historian,* Stuttgart

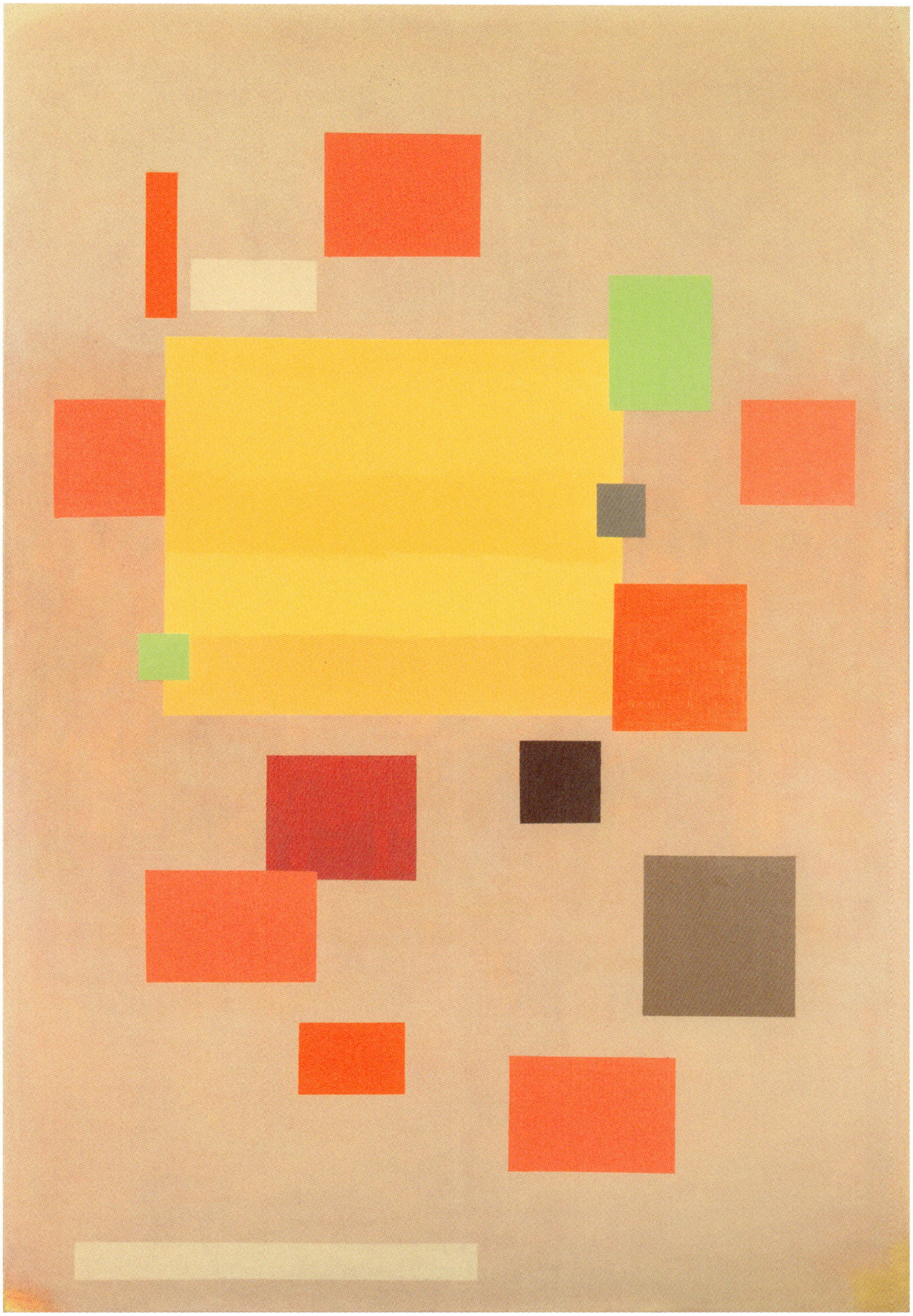

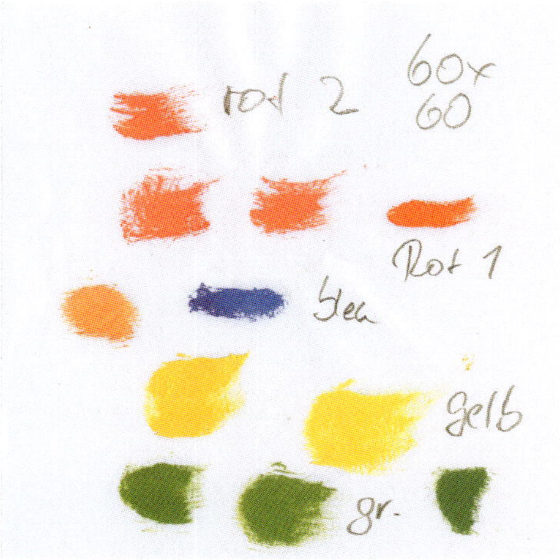
rot 2
60x
60
Rot 1
gelb
gr.

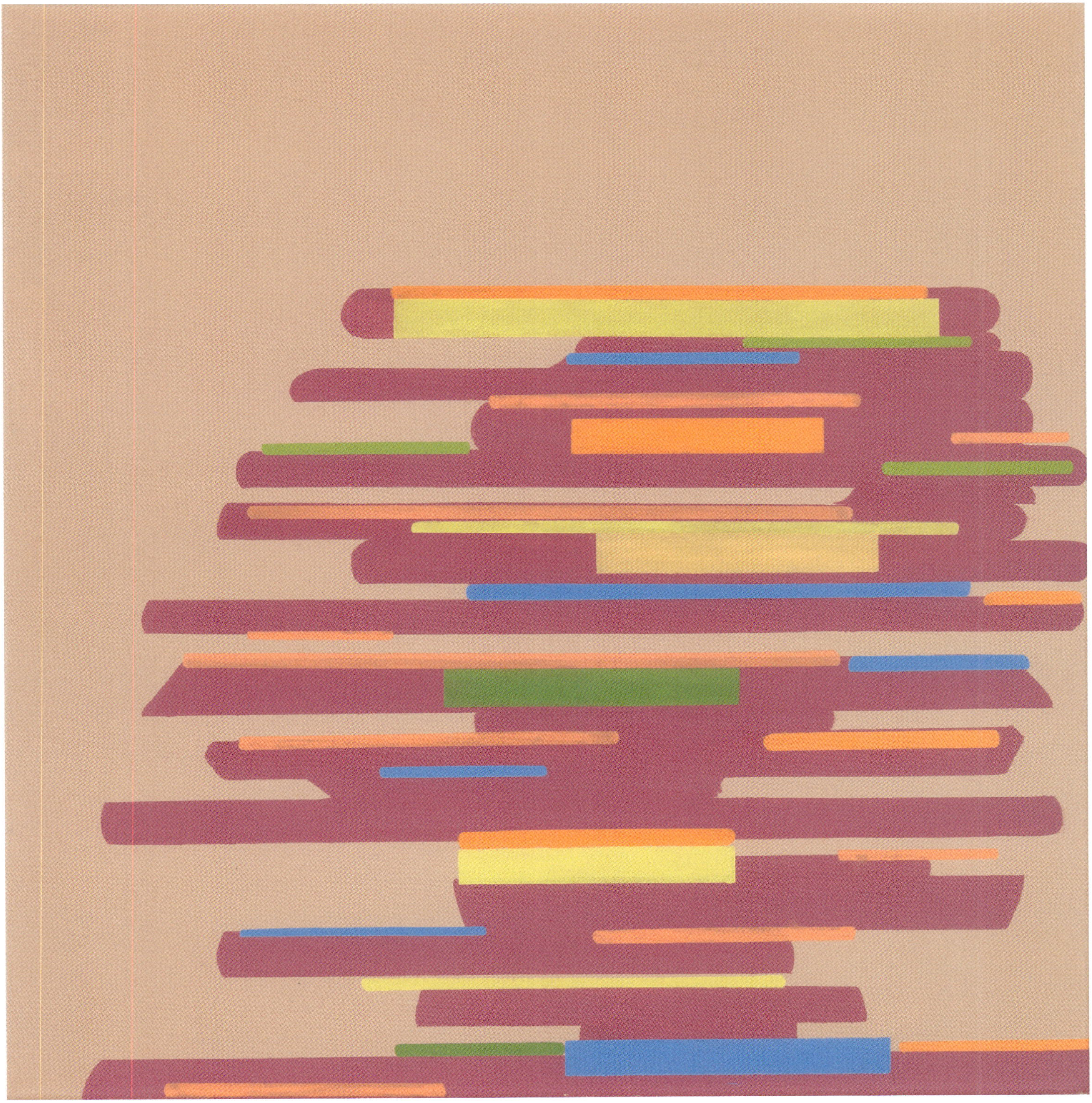

Ohne Titel | *Untitled*, 2019

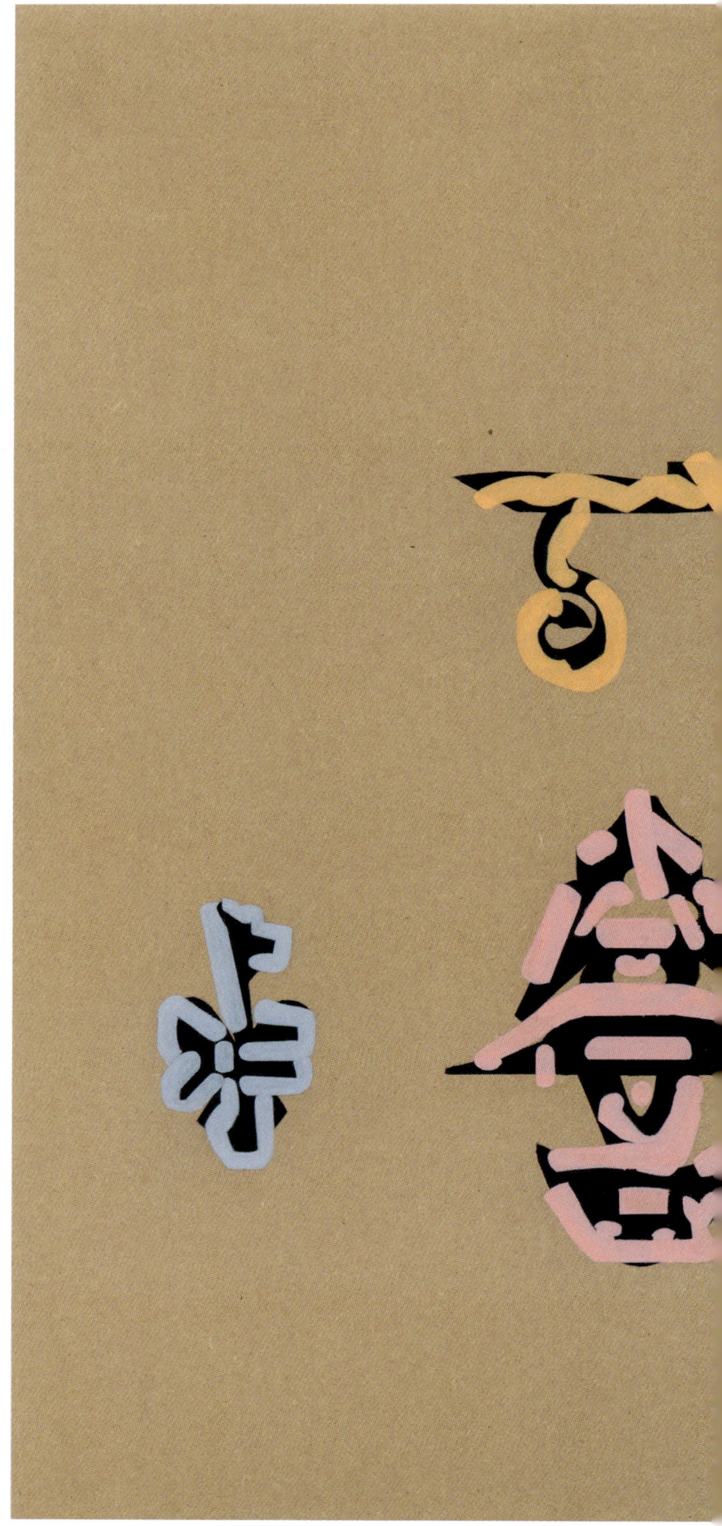

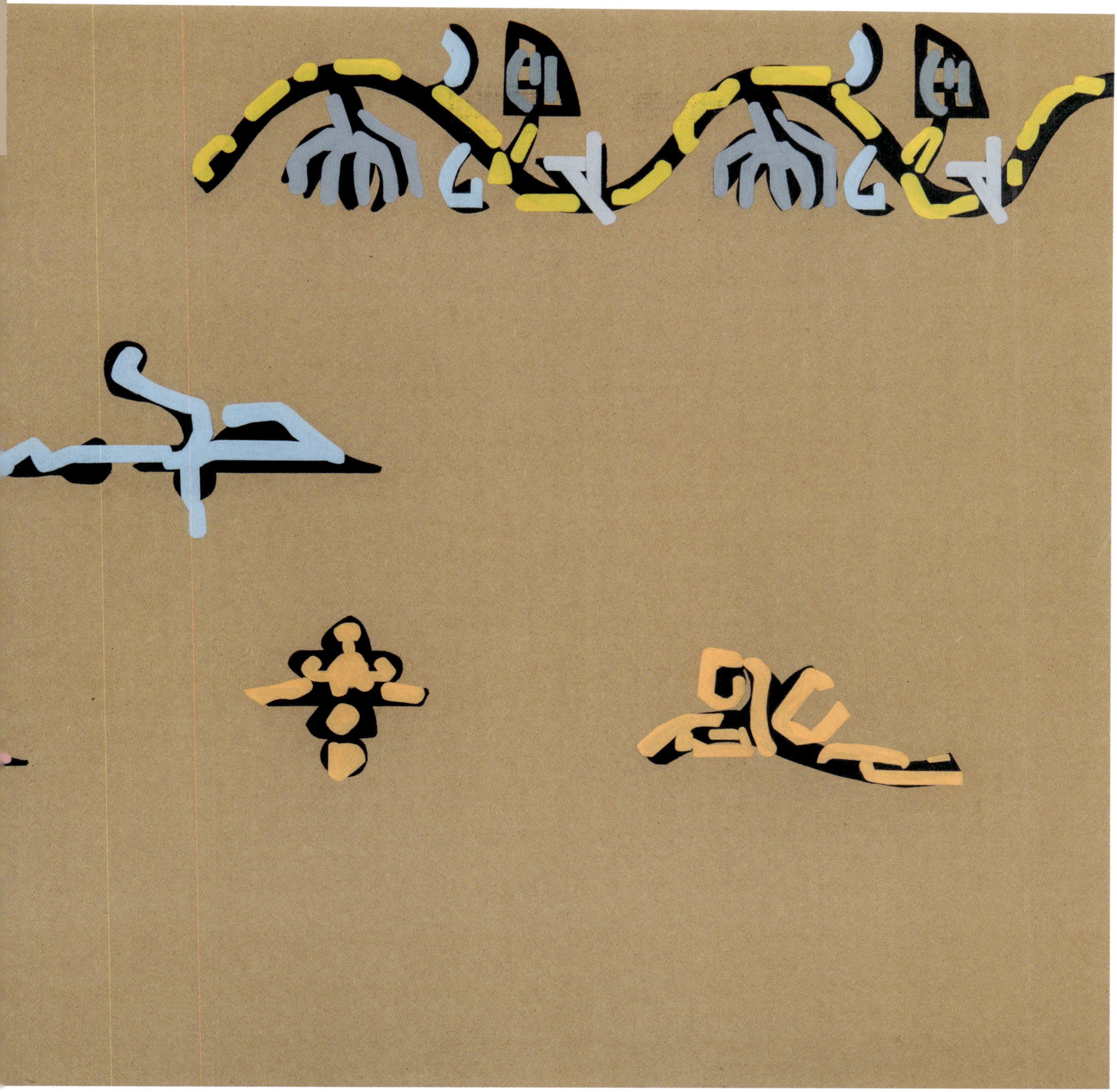

Wandel des Verborgenen | *Transformation of the Unknown*, 2019

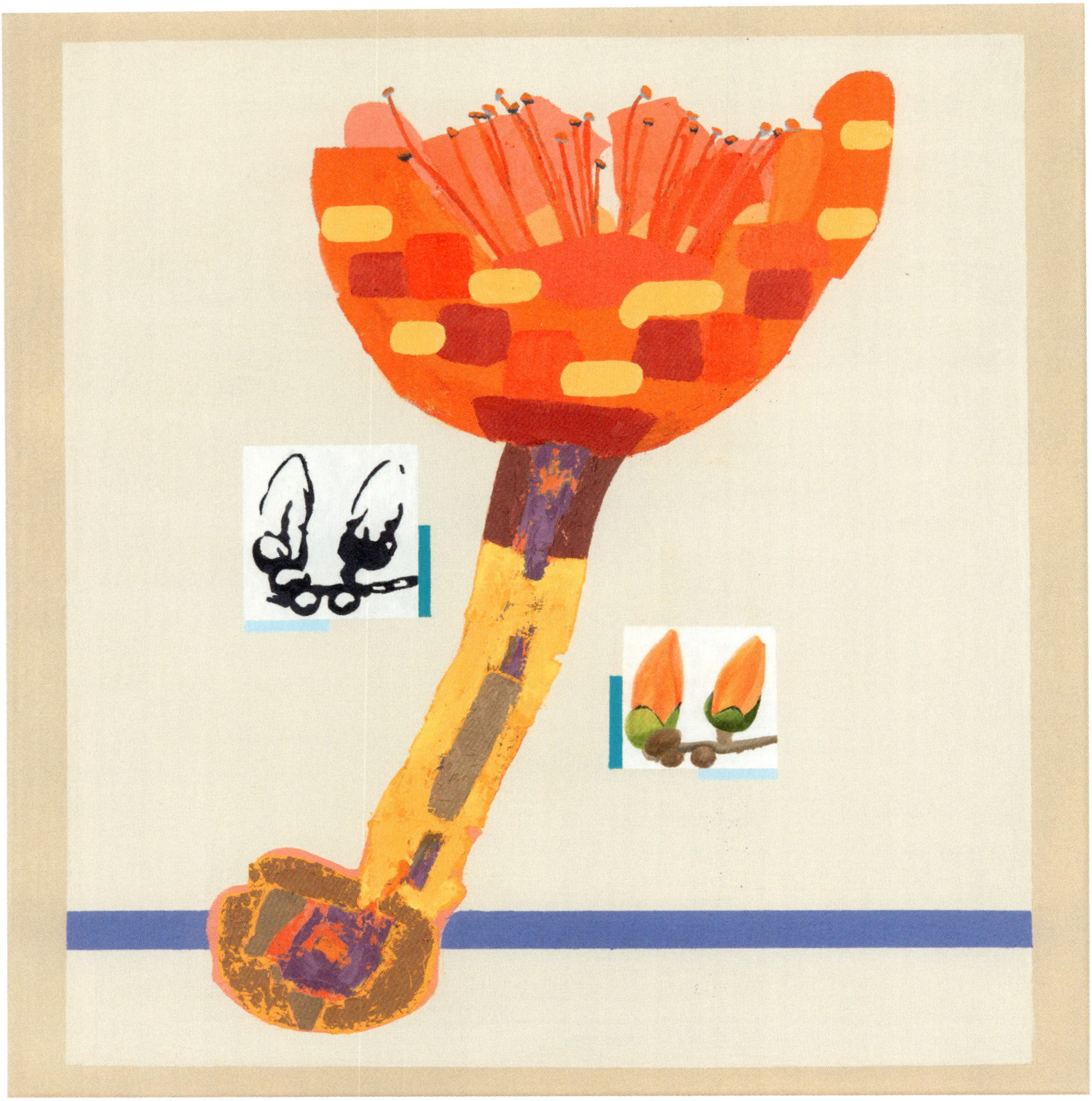

Blue Sky, 2018

Soziale Akteure | *Social Players*, 2019

Mich interessieren Räume, Strukturen
und Identitäten, kulturelle, gesellschaftliche
in unserer globalen Welt.

I am interested in spaces, structures
and identities, both cultural and societal,
in our global world.

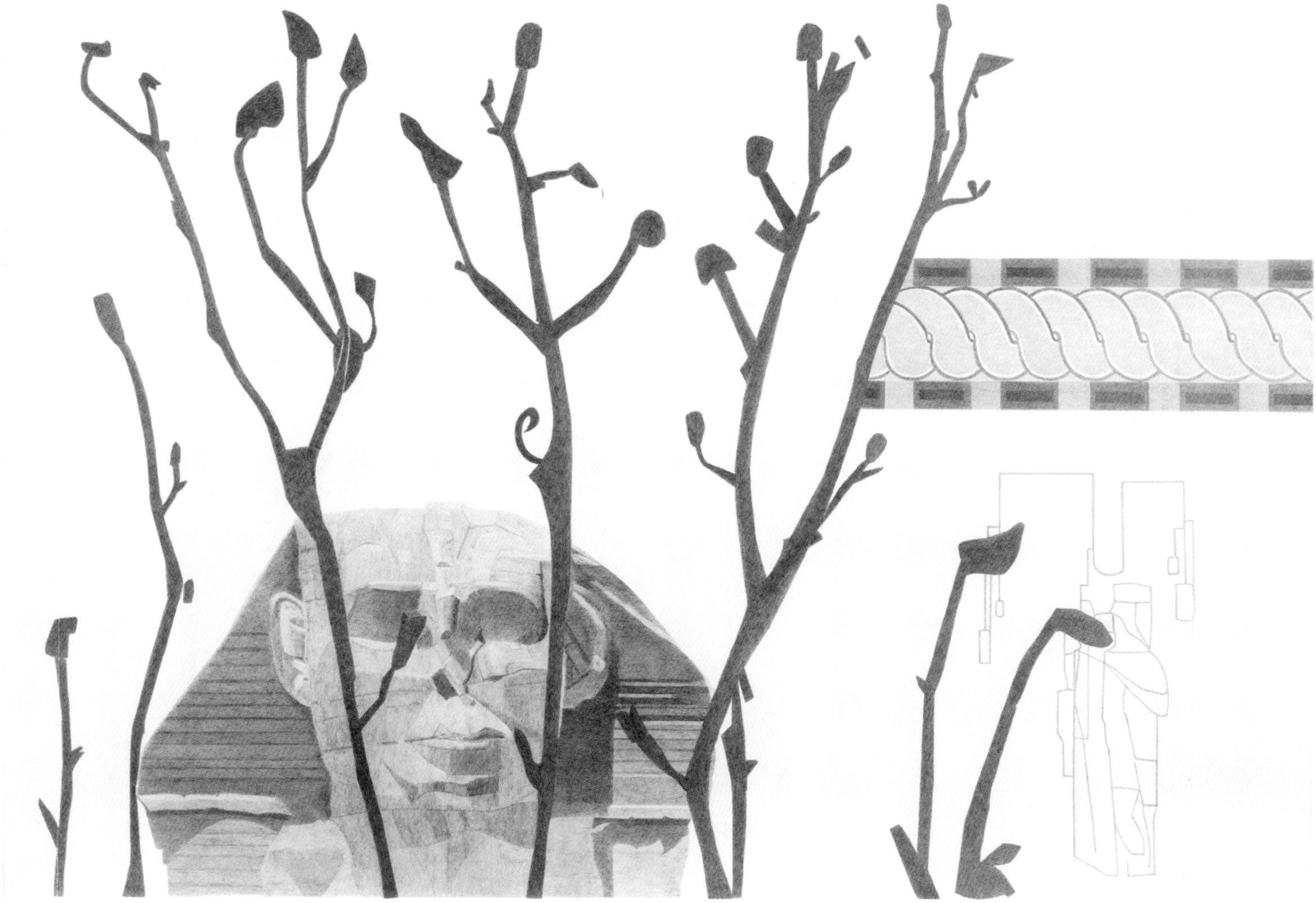

Sphinx hinter Palmzweigen | *Sphinx behind Palm Branches*, 2019

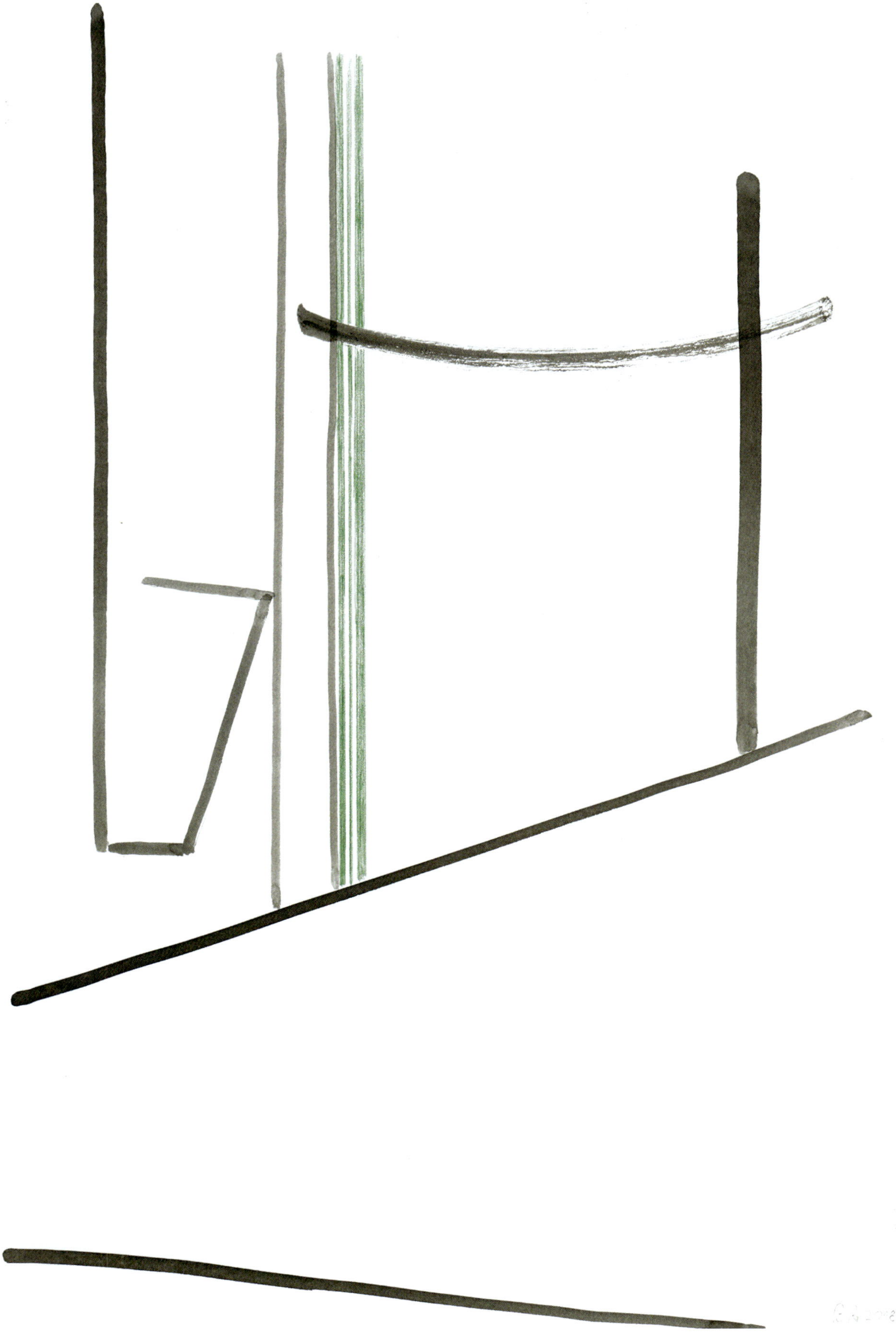

Hängende Gärten | *Hanging Gardens*, 2019

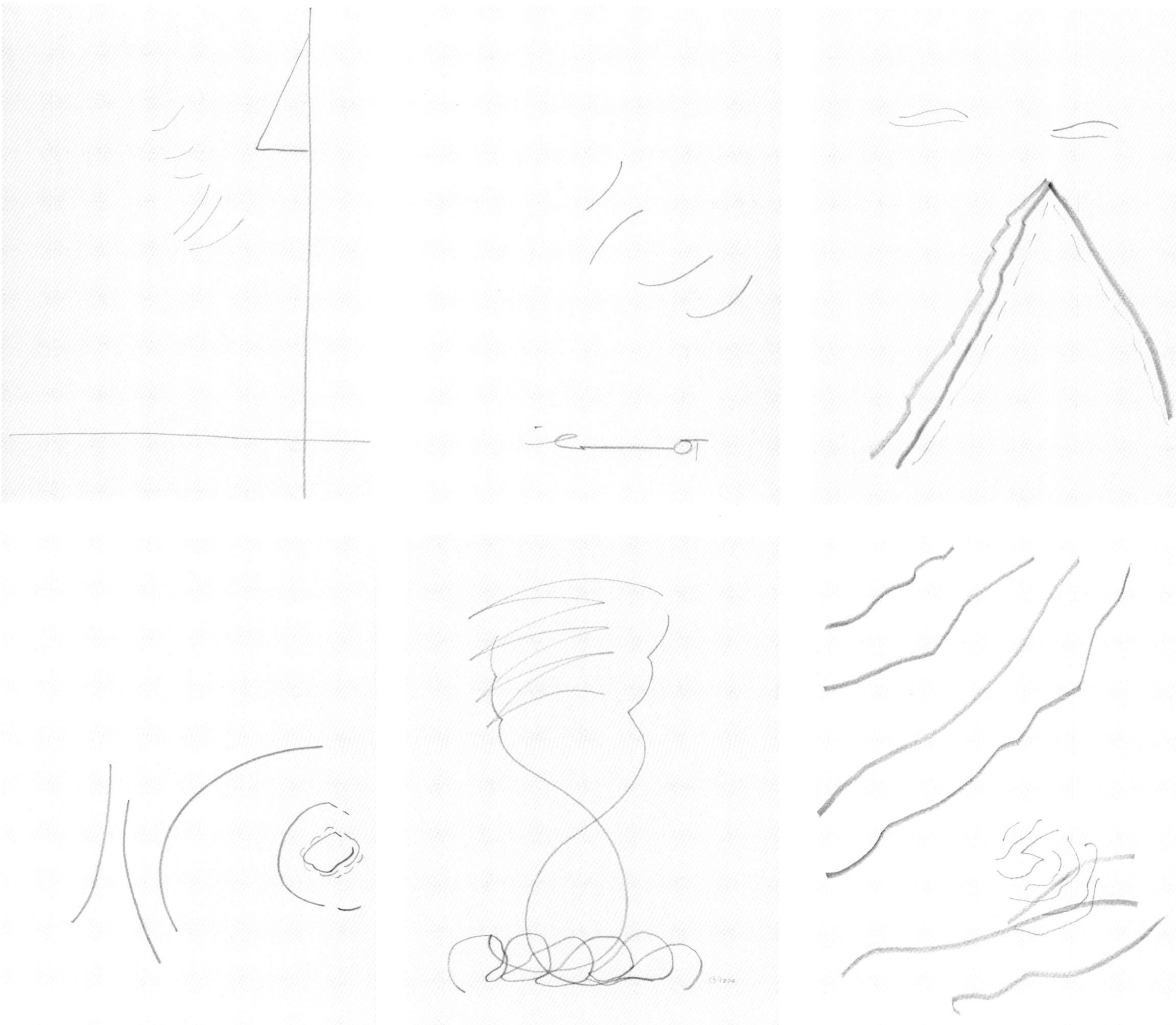

Crossing, Sein, Auf und Ab, Endlos, Verbund, Im Zwischen |
Crossing, Being, Ups and Downs, Endless, Union, In-between, 2018

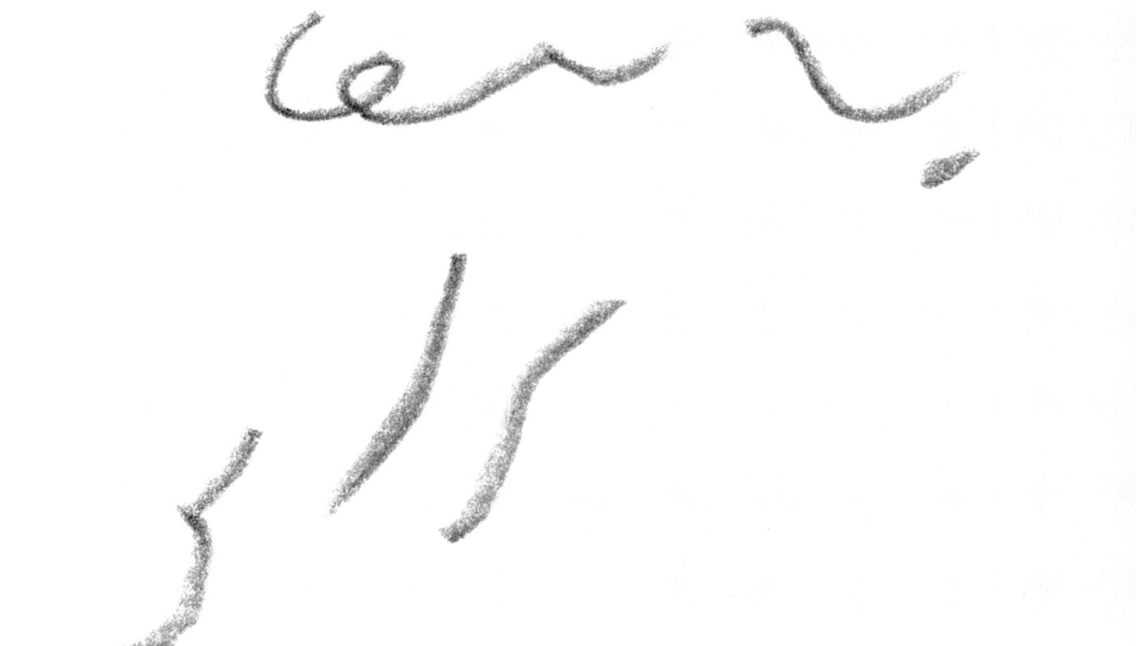

„Im Mittelpunkt von Barbara Armbrusters Werk steht ein kulturübergreifender Ansatz. Mit den verschiedenen Medien und Ausdrucksmitteln von Zeichnung, Malerei und Rauminstallation erkundet sie einen interkulturellen Kontext zwischen Ost und West, Orient und Okzident, im Sinne eines Austausches und Dialoges von Kulturkreisen und Gesellschaften, Tradition und Moderne, Geschichte und Gegenwart. Eine ganz wesentliche Grundlage für ihren ästhetischen, gestalterischen und gedanklichen Prozess bildet dabei der langjährige Aufenthalt in der ägyptischen Millionenstadt Kairo."

"Barbara Armbruster's work engages a distinctly cross-cultural approach. Using various media and means of expression by way of drawing, painting and spatial installation, she explores an intercultural context between East and West, Orient and Occident, in the sense of an exchange and dialogue between cultures and societies, tradition and modernity, the historical and the present. An essential basis informing her aesthetic, creative and intellectual process has been a lengthy stay in the Egyptian metropolis of Cairo."

Dr. Andreas Gabelmann, Kunsthistoriker | *art historian* (Einführungsrede, Städtisches Museum Engen + Galerie, Engen | *introductory speech*, 2018)

Grün. Licht. Raum. | *Green. Light. Space.*, 2018, Städtisches Museum Engen + Galerie, Engen (19)

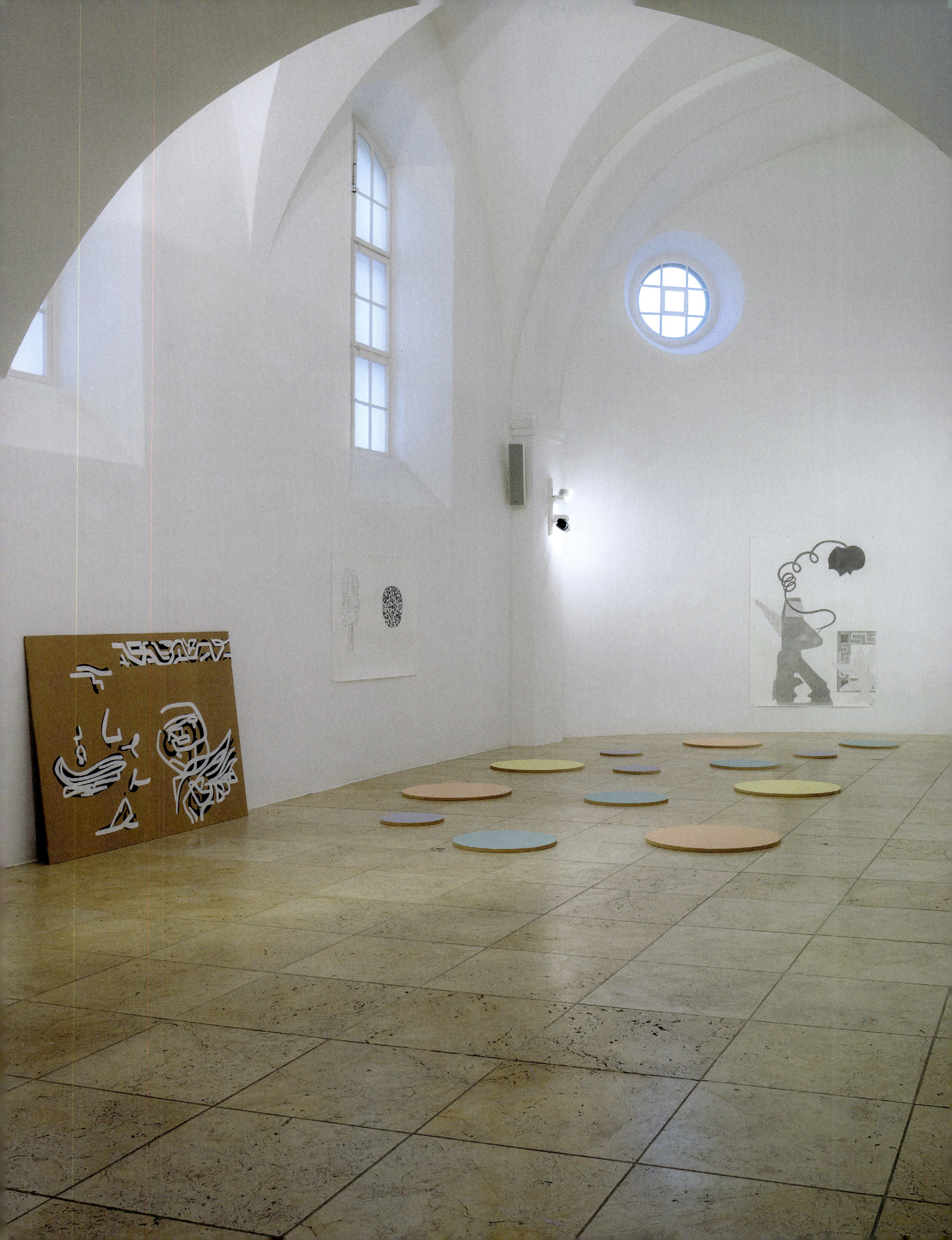

Kollos mit Mammutblatt beflügelt | *Colossus with Mammoth Leaf – Inspired*, 2018

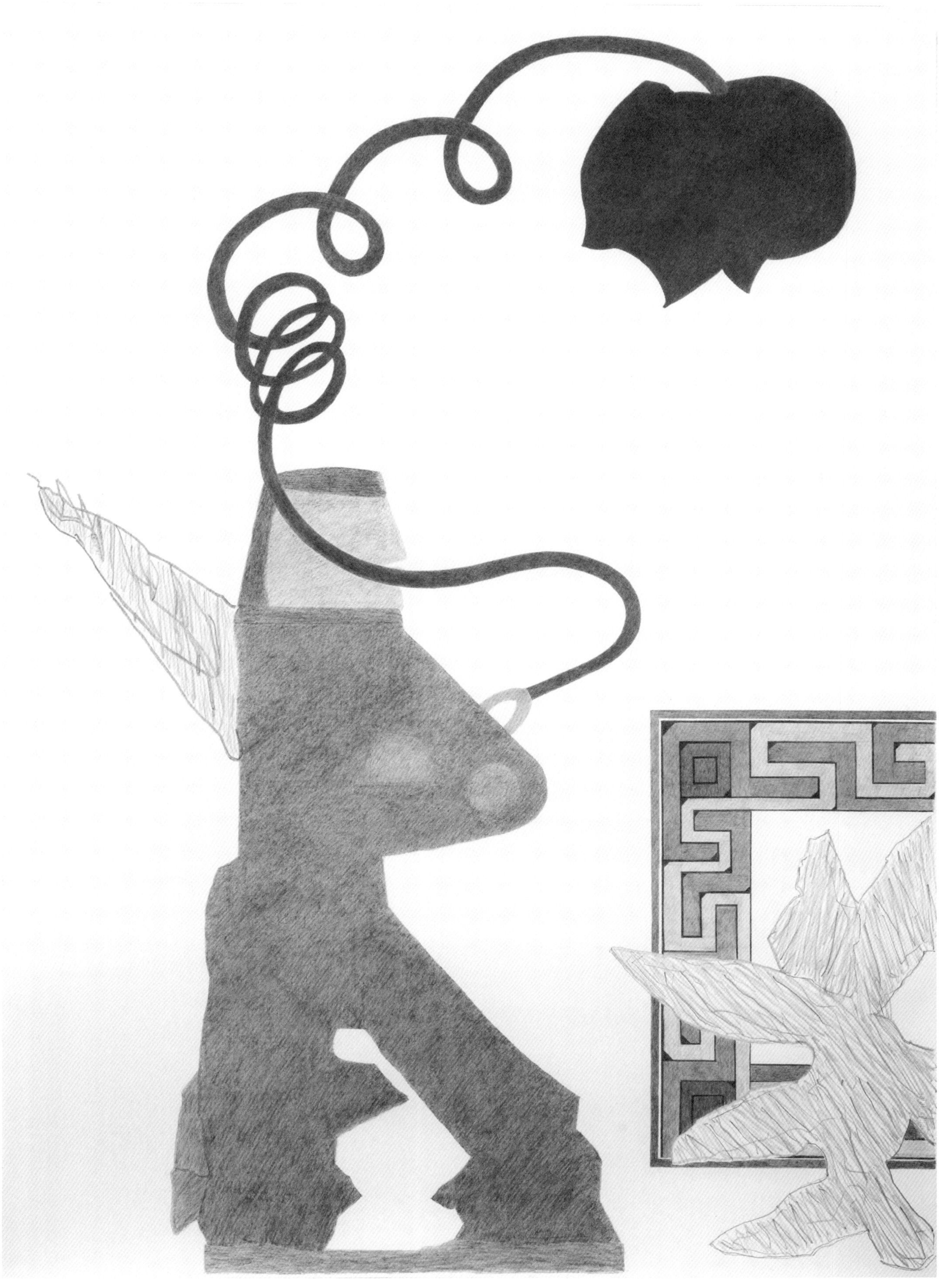

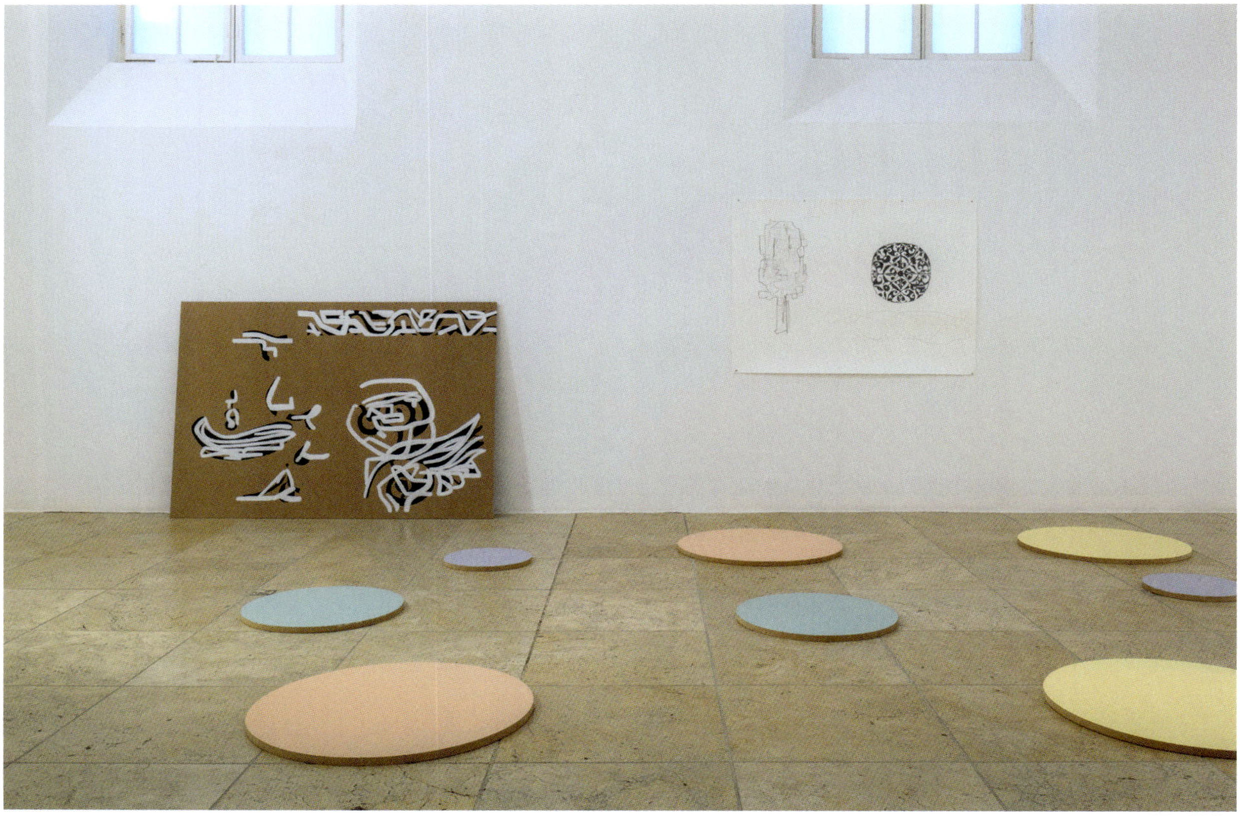

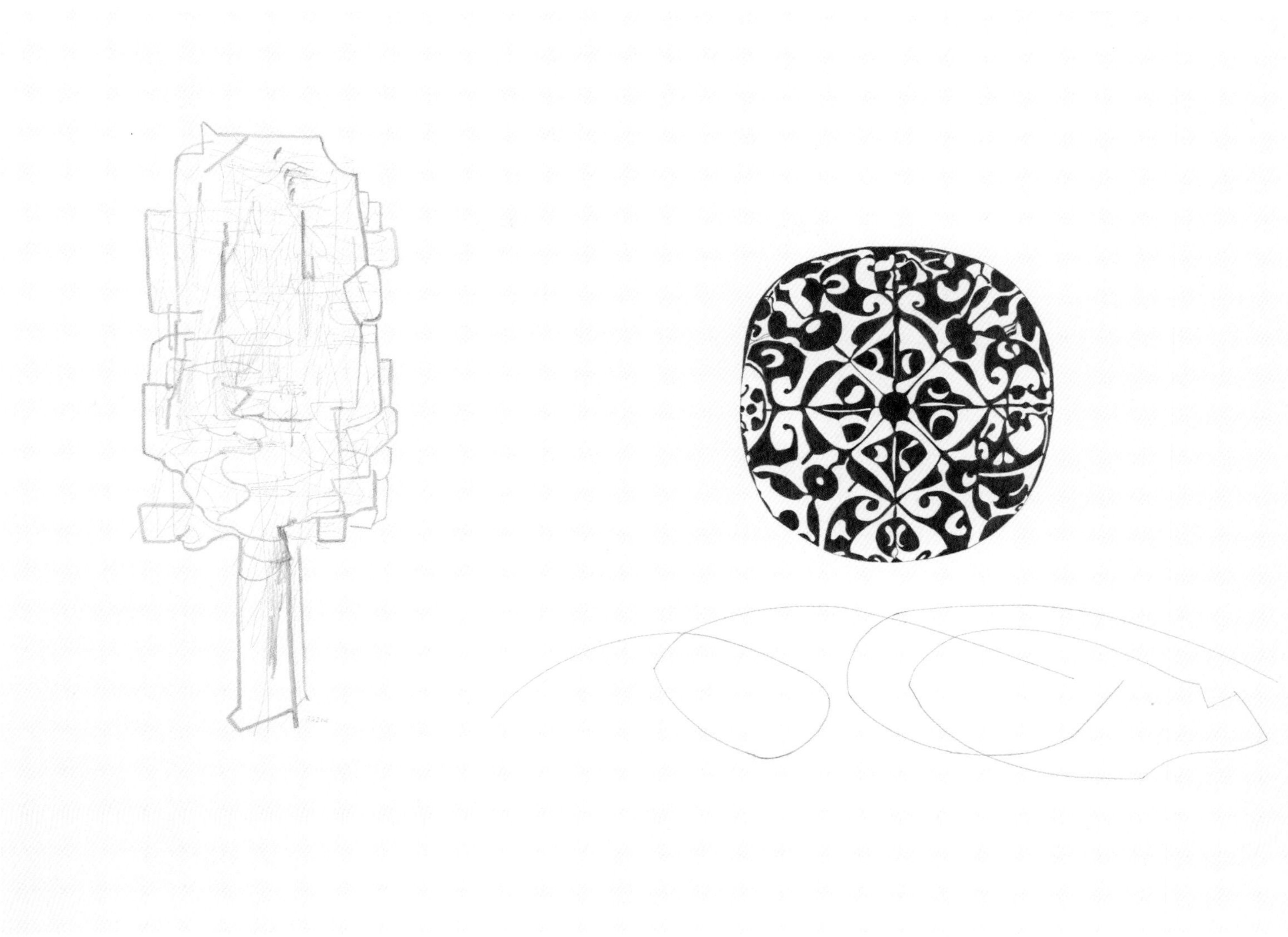

Baumkonstruktion, befreite Linie unter schwebendem Ornament |
Tree Construction, a Freed Line below a Floating Ornament, 2018

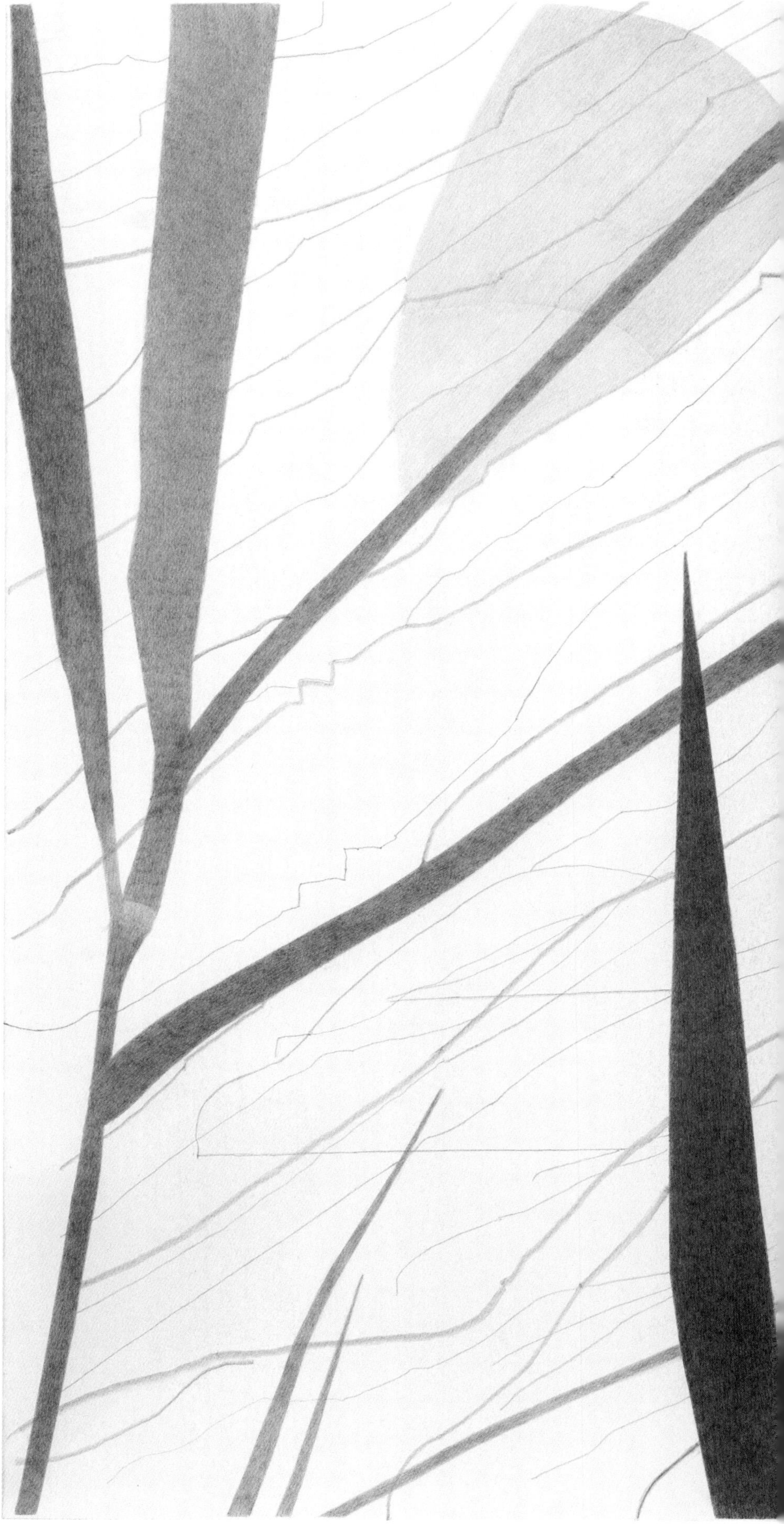

Nofretete, Nilgras und alte Kiefer | *Nefertiti, Nile Grass and Old Pine,* 2018

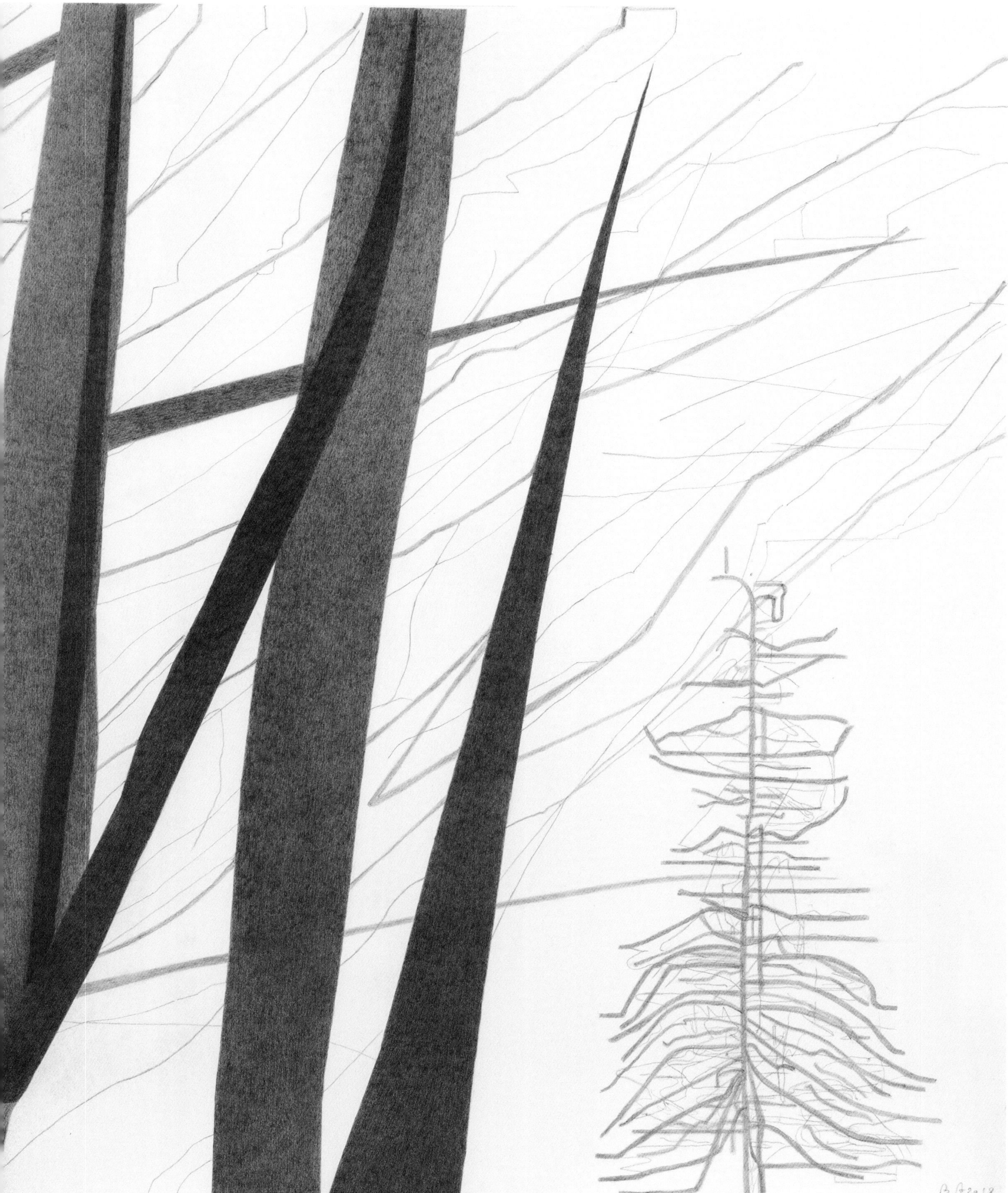

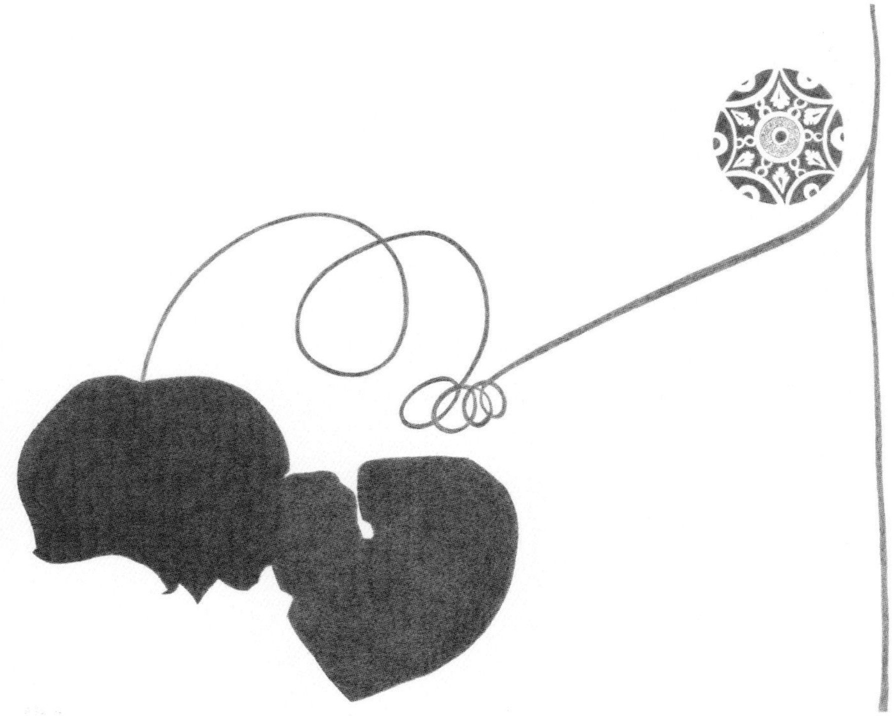

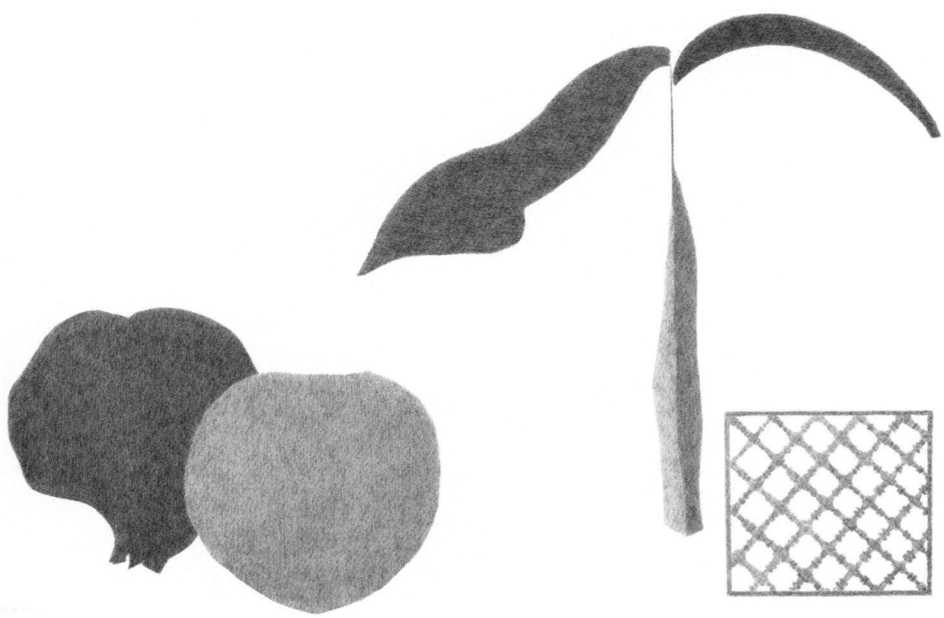

Ohne Titel | *Untitled,* 2017
Ohne Titel | *Untitled,* 2017

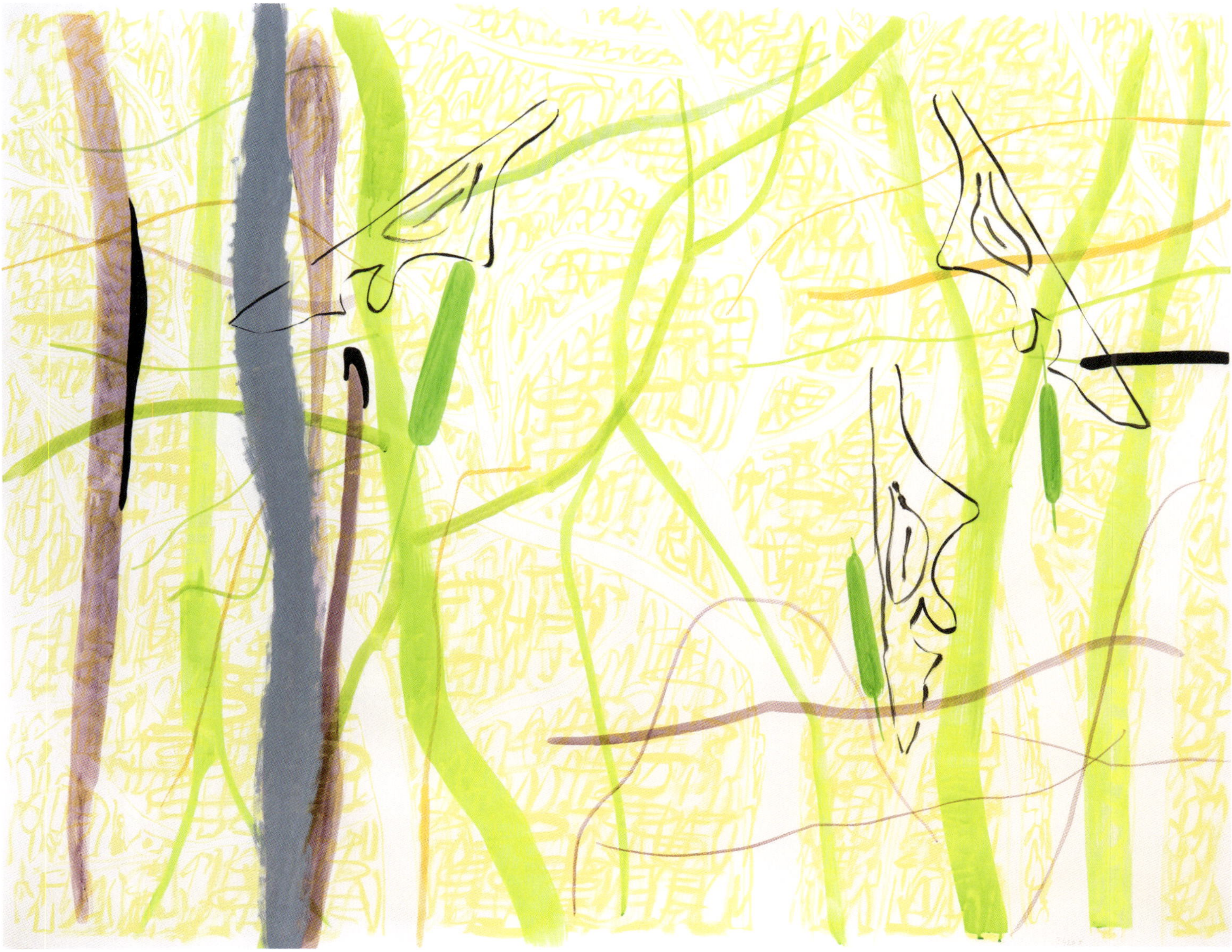

Licht im Grün | *Green Haze*, 2015

Das ist die wundersame Strohträgerstraße.

So nannten die arabischen Astronomen im Mittelalter unsere Galaxis, die aus verstreuten goldenen Sternen besteht, als sie in den weiten klaren Nachthimmel blickten. Die Sterne schienen ihnen wie jenes Stroh, das den Lastträgern auf die Straßen der alten Städte herabfiel. Jenes Stroh, das als Nahrung für die Pferde und sonstige sanftmütige Tiere diente.

So weit Sterne und Stroh auseinanderliegen, so weit kann die Fantasie der Menschen reichen.

This is the wondrous straw carrier road.

This is how Arabic astronomers in the Middle Ages named our galaxy, this array of golden stars, whilst gazing upon the clear night skies. The stars seemed to them like loose straw, having been lost by load carriers in the streets of the old cities; such straw serving as food for the horses and other gentle animals.

The extent to which stars and straw lie apart is analogous to man's inherent ability to imagine.

Salwa Bakr, Schriftstellerin | *novelist,* Cairo
Deutsche Übersetzung | *German translation* Mahmoud Hassanein

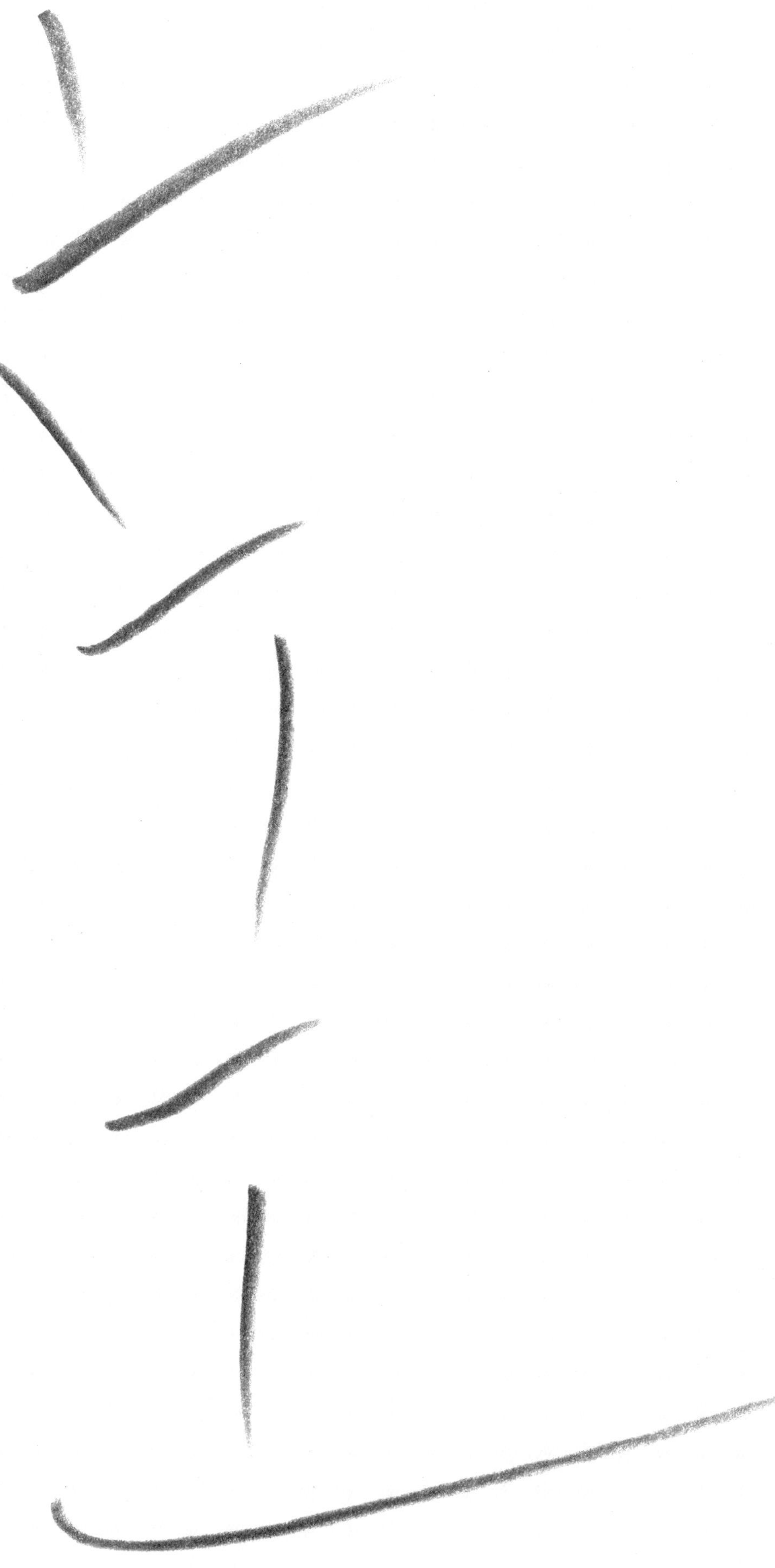

Through My Eyes, 2018, Galerie G – Dr. Gudrun Selz, Freiburg,
Ohne Titel | *Untitled,* 2018

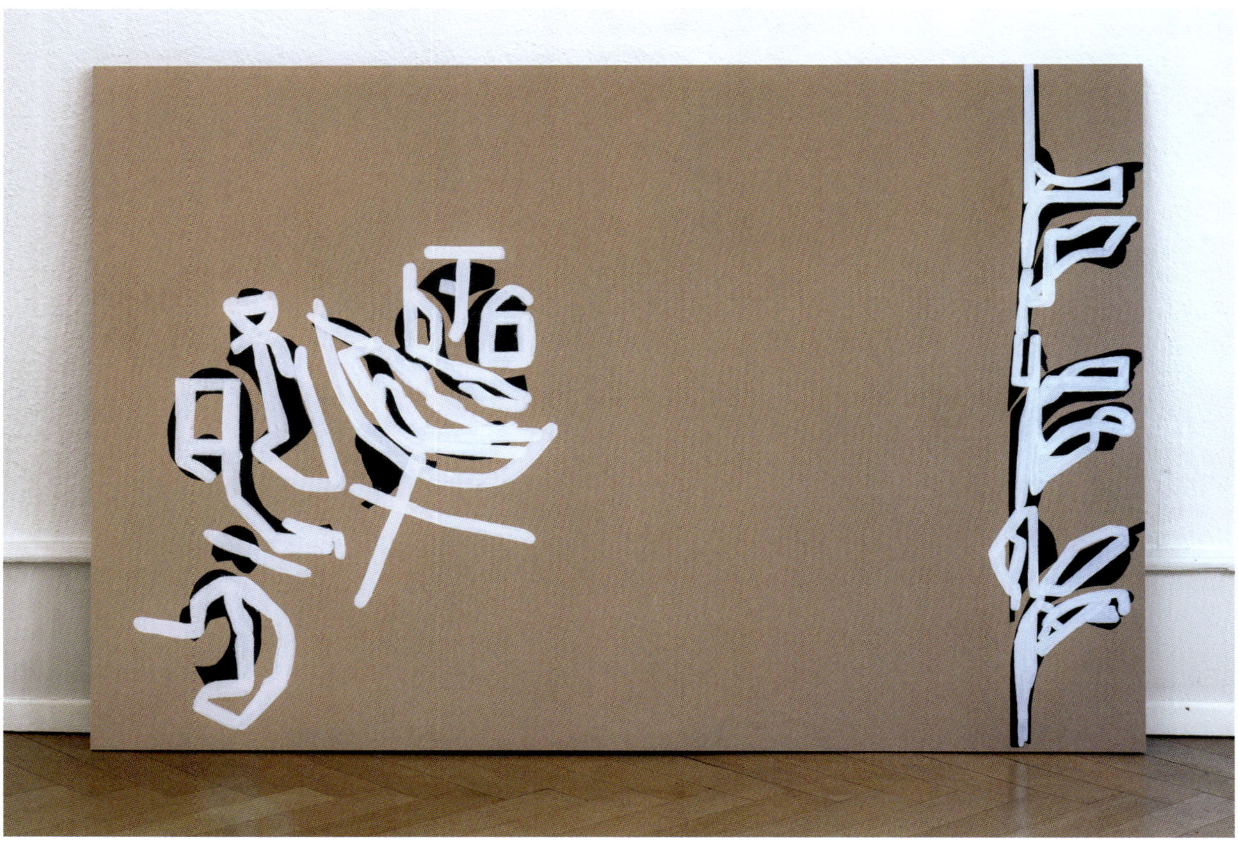

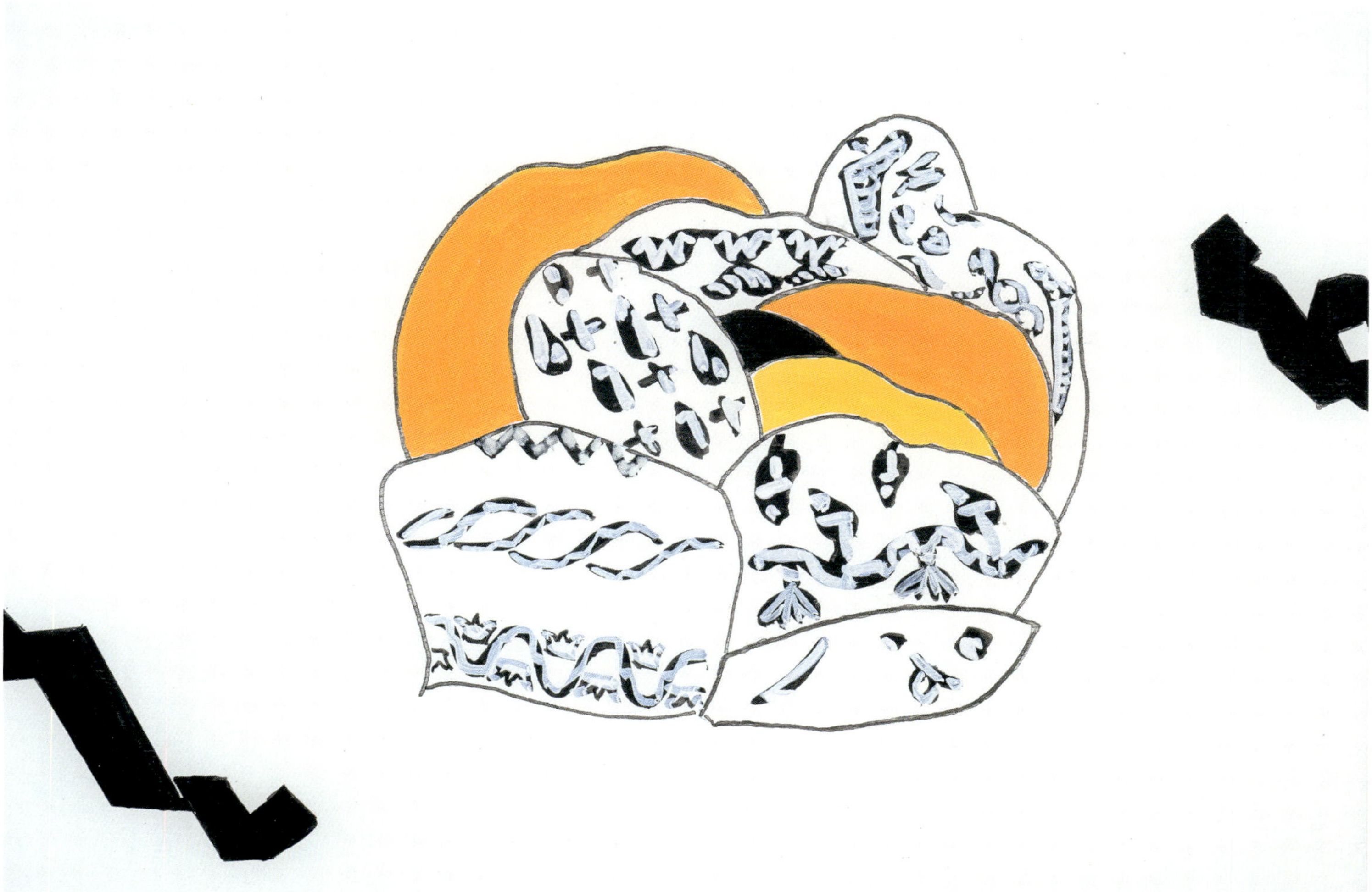

Ohne Titel | *Untitled*, 2018

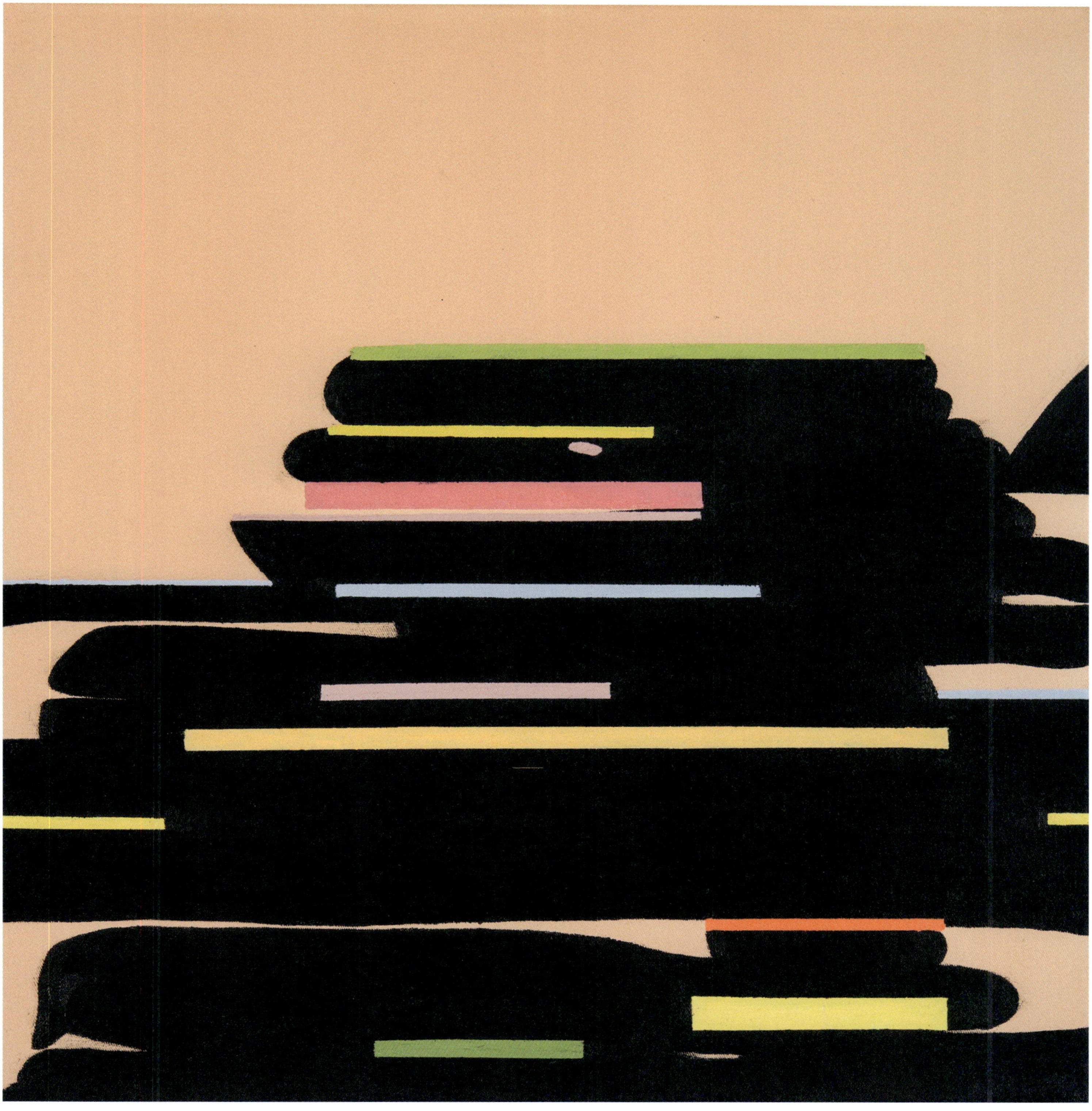

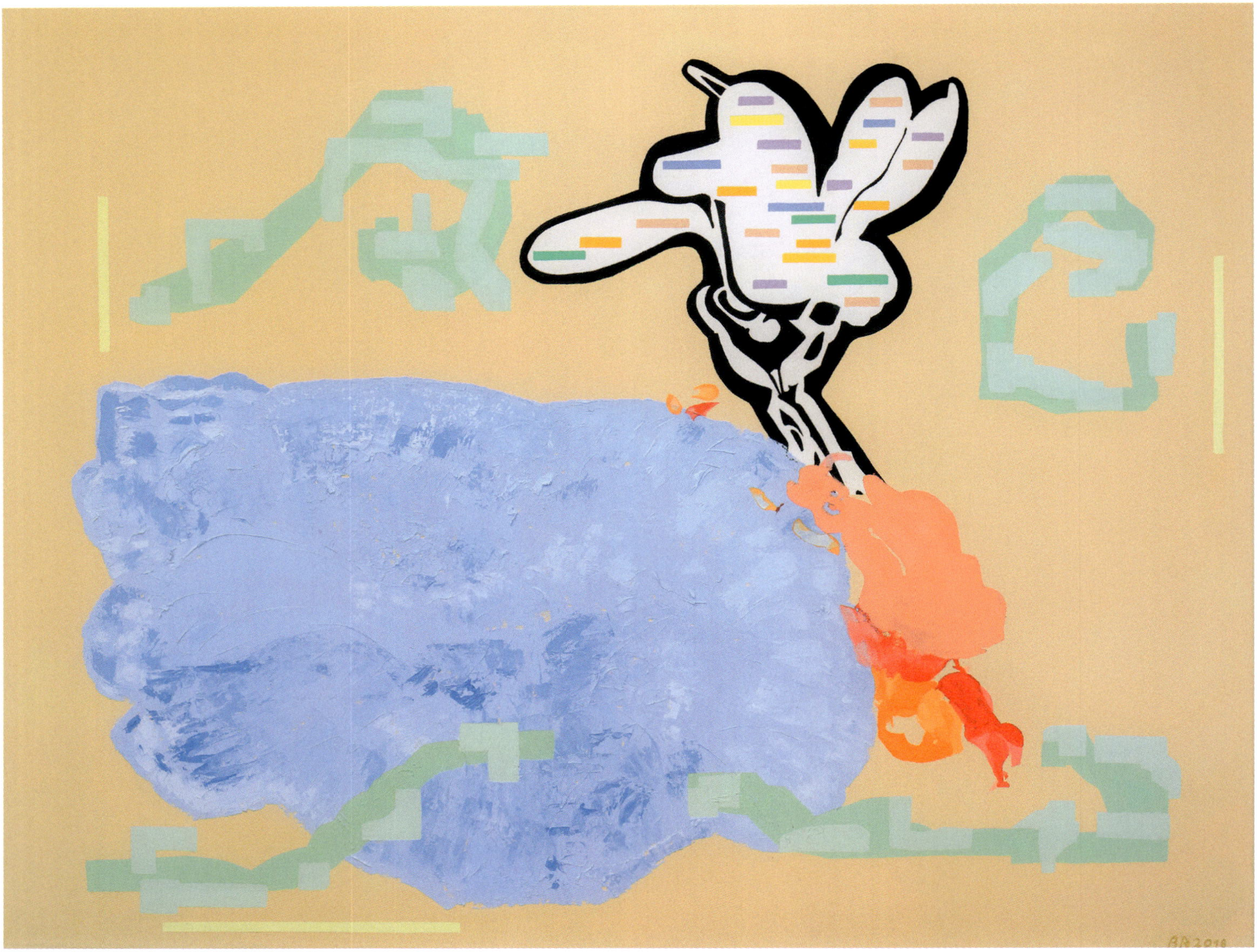

Ohne Titel | *Untitled,* 2018

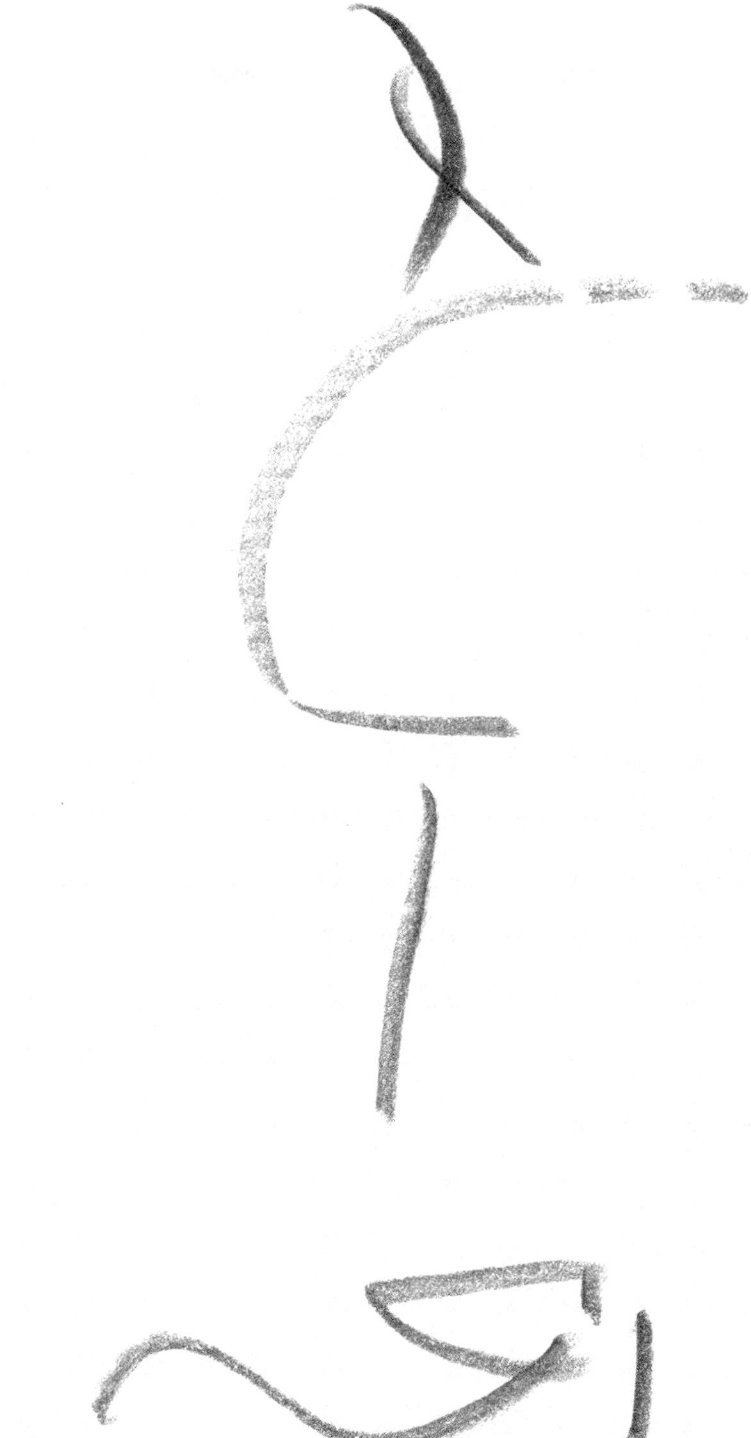

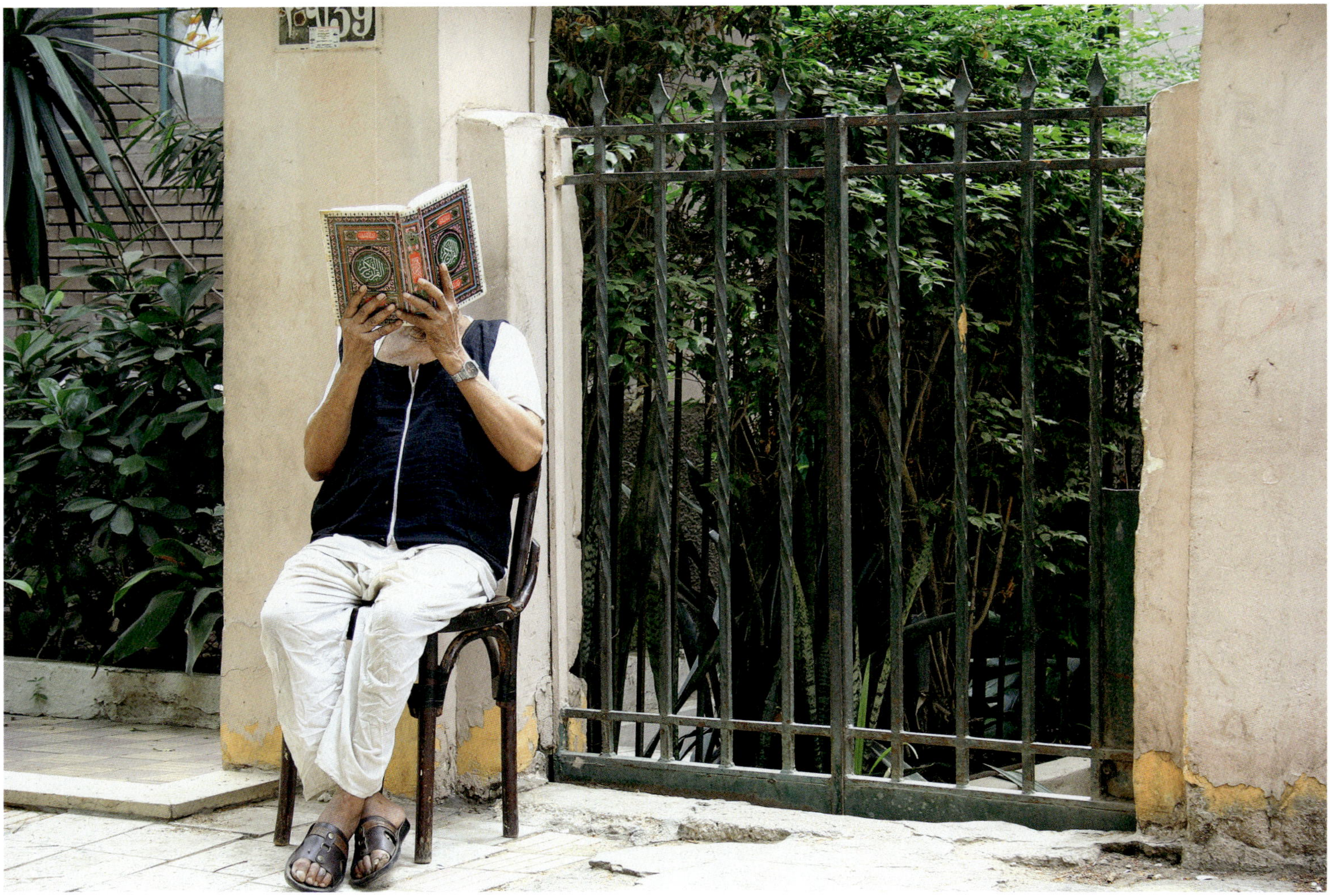

Ohne Titel | *Untitled*, 2011/2015

Erzählungen einer Stadt in fotografischen Bildern: Im Band MYCAI, erschienen in der edition esefeld & traub, blickt Barbara Armbruster auf die Megacity Kairo. Ihr fotografischer Blick ist dabei ein zärtlicher, der Poesie des Alltags folgend. Sie fängt Bilder und Stimmungen ein, die eine große Ruhe vermitteln, von Einsamkeit und Verlassenheit erzählen und auf diese Weise in ein Spannungsverhältnis treten mit dem urbanen Ballungsraum Kairo. Ihre Fotografien zeigen Strukturen, Oberflächen, Gewebe, arbeiten mit Lichtstimmungen und bilden kurze Szenen ab. Sie zeigen Menschen jenseits der touristischen Hotspots, wie den in der Lektüre versunkenen Mann, dessen Körper im öffentlichen Raum an einem Tor, an einem Ein-/Ausgang auf einem Stuhl zu sehen ist, dessen Geist, dessen Gedanken indes in der Lektüre in Bewegung sind – zwischen Eingang und Ausgang von Fiktion und Realität. Oder aber wir sehen die Frau, die durch die sakrale Lichtführung, die Hand- und Körperhaltung zuvorderst an eine Betende erinnert, indes aber – ganz säkular – genau das herstellt, was wir noch vor allen Glaubensformen zum Leben brauchen: Brot.

Photographic tale of a city: in the published edition MYCAI, by esefeld & traub, Barbara Armbruster surveys the megacity of Cairo. Her photographic gaze is a tender one, following the poetry of everyday life. She captures images and moods that convey a great sense of calm, whilst intuitively imparting the sensation of loneliness and abandonment; therefore, entering into a profound relationship with the urban agglomeration of Cairo. Her photographs show structures; surfaces; fabrics; they integrate lighting moods and depict tableaux. They feature people beyond the tourist hotspots; such as, in the still of a man lost in reading, whose likeness is captured whilst he is engrossed in a book, in a public space, at a gate, at an entrance/exit, seated, whose spirit, whose thoughts, however, are being moved – somewhere between the entrance and exit of fiction and reality. Likewise, softly window lit, sacredly so, a woman's body posture and hand gesture reminds us, foremost, of a person at prayer, whilst she reverently – quite secularly – in that precise moment, busies herself in producing the nourishment common before all forms of faith: Bread.

Stefanie Stegmann, Leiterin | *Head of,* Literaturhaus Stuttgart

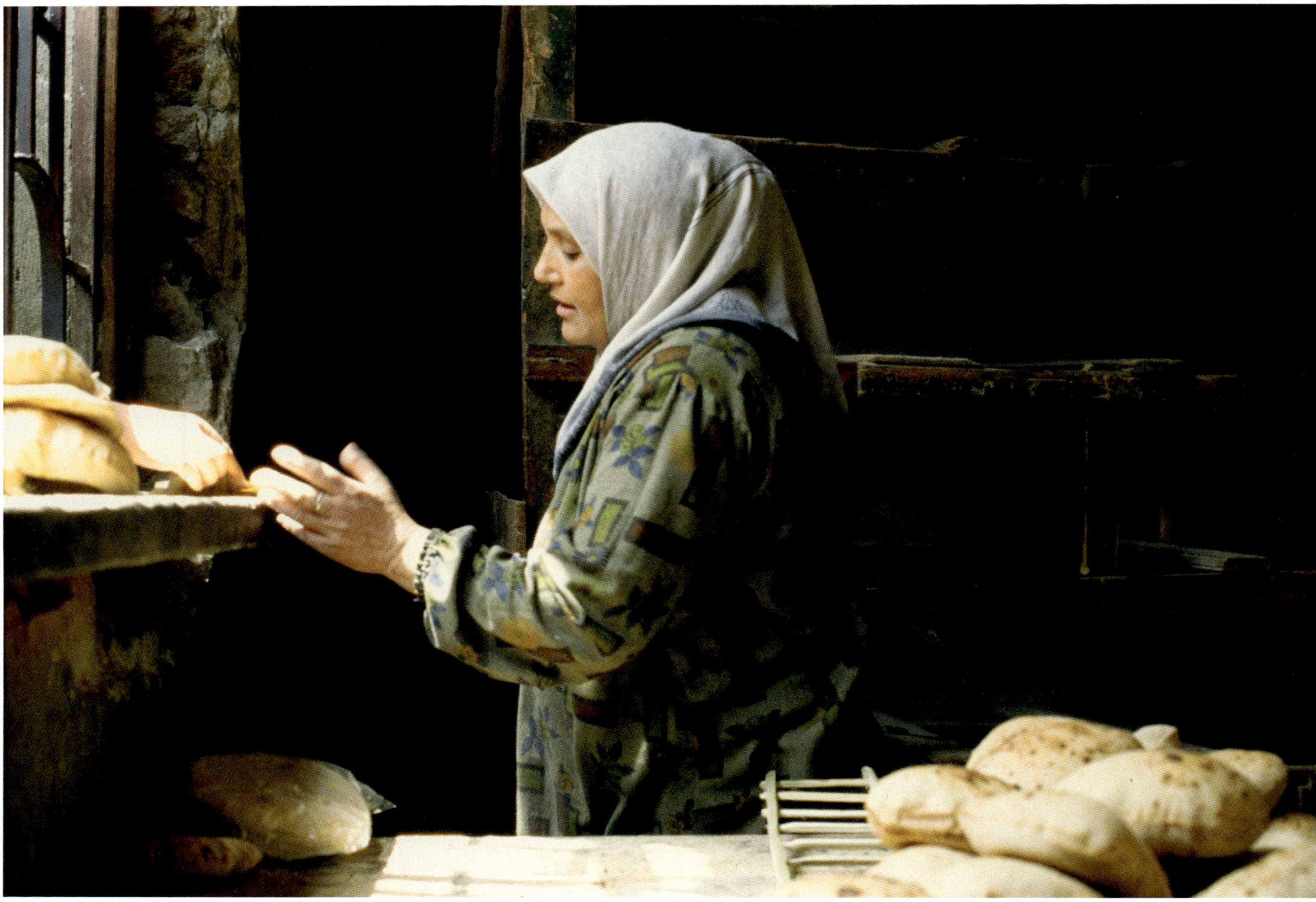

Ohne Titel | *Untitled,* 2011/2015

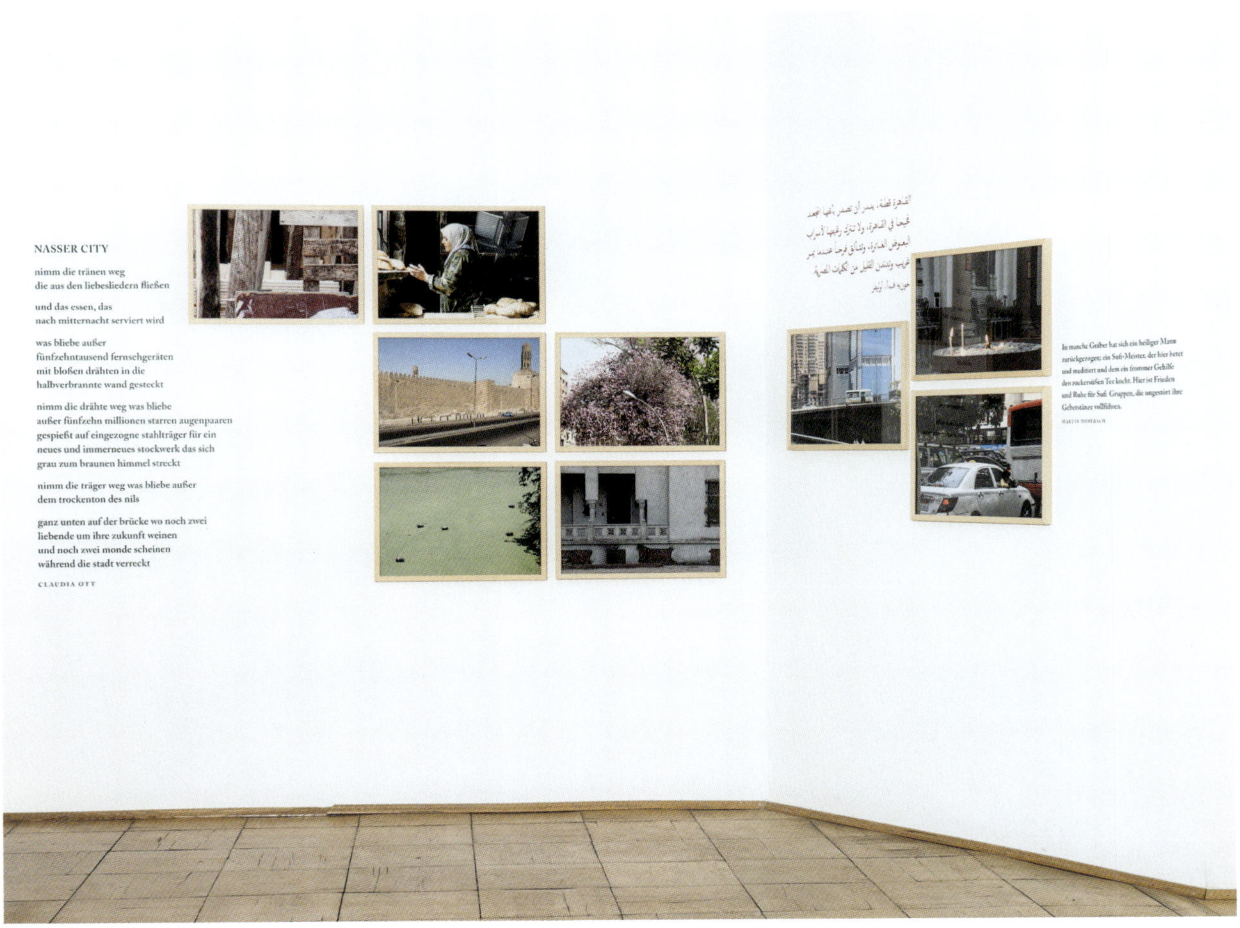
NASSER CITY
nimm die tränen weg
die aus den liebesliedern fließen
und das essen, das
nach mitternacht serviert wird
was bliebe außer
fünfzehntausend fernsehgeräten
mit bloßen drähten in die
halbverbrannte wand gesteckt
nimm die drähte weg was bliebe
außer fünfzehn millionen starren augenpaaren
gespießt auf eingezogne stahlträger für ein
neues und immerneues stockwerk das sich
grau zum braunen himmel streckt
nimm die träger weg was bliebe außer
dem trockenton des nils
ganz unten auf der brücke wo noch zwei
liebende um ihre zukunft weinen
und noch zwei monde scheinen
während die stadt verreckt
CLAUDIA OTT
In manche Gräber hat sich ein heiliger Mann zurückgezogen: ein Sufi-Meister, der hier betet und meditiert und dem ein frommer Gehilfe den zuckersüßen Tee kocht. Hier ist Frieden und Ruhe für Sufi-Gruppen, die ungestört ihre Gebetstänze vollführen.

Im Rythmus der sich wiederholenden
Bewegung in gebückter Haltung
fällt der Samen auf den Acker-
boden

Offene Hand, der Daumen bedeckt
den Samen mit Erde und sanftem
Druck

Ohne Halten wiederholt sich die
Bewegung, lautlos,
bis zum Sonnenuntergang

Cairo 2000

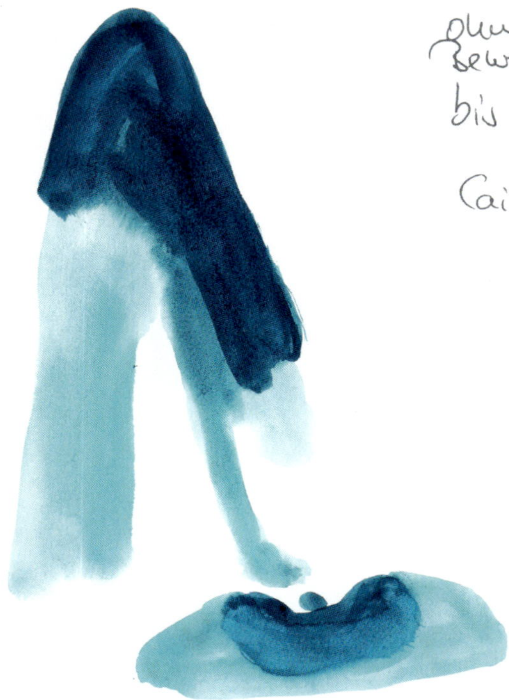

In rhythm with the repetitive movement
of stooping down, the seed is dropped to
the ground
Hand spread, the thumb,
with gentle pressure encloses the seed
with a little topsoil
Without pause, the movement is repeated
over and over, silently, until sunset
Cairo 2000

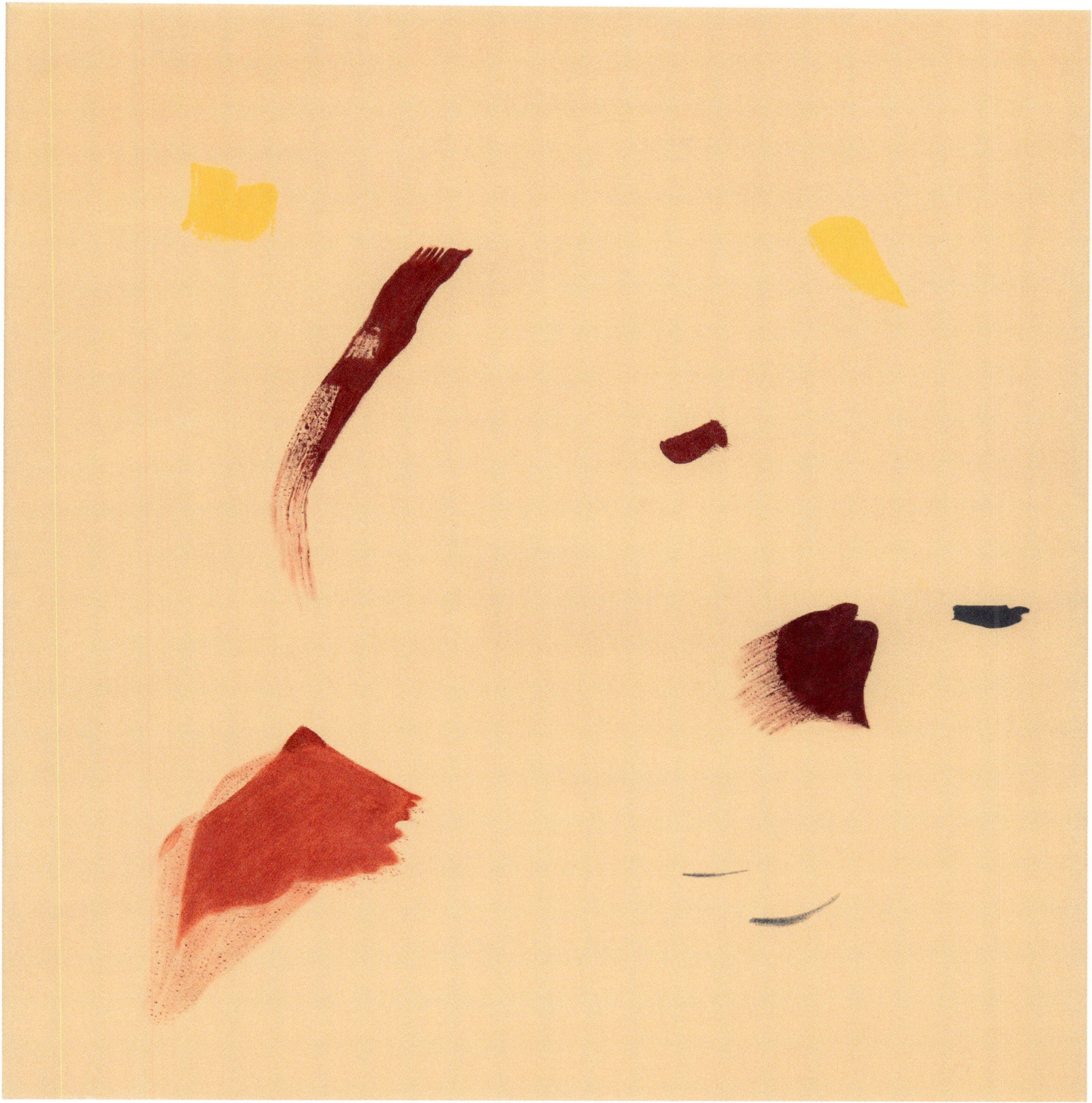

Ohne Titel (Colour Sample no. 2) | *Untitled (Colour Sample no. 2)*, 2015

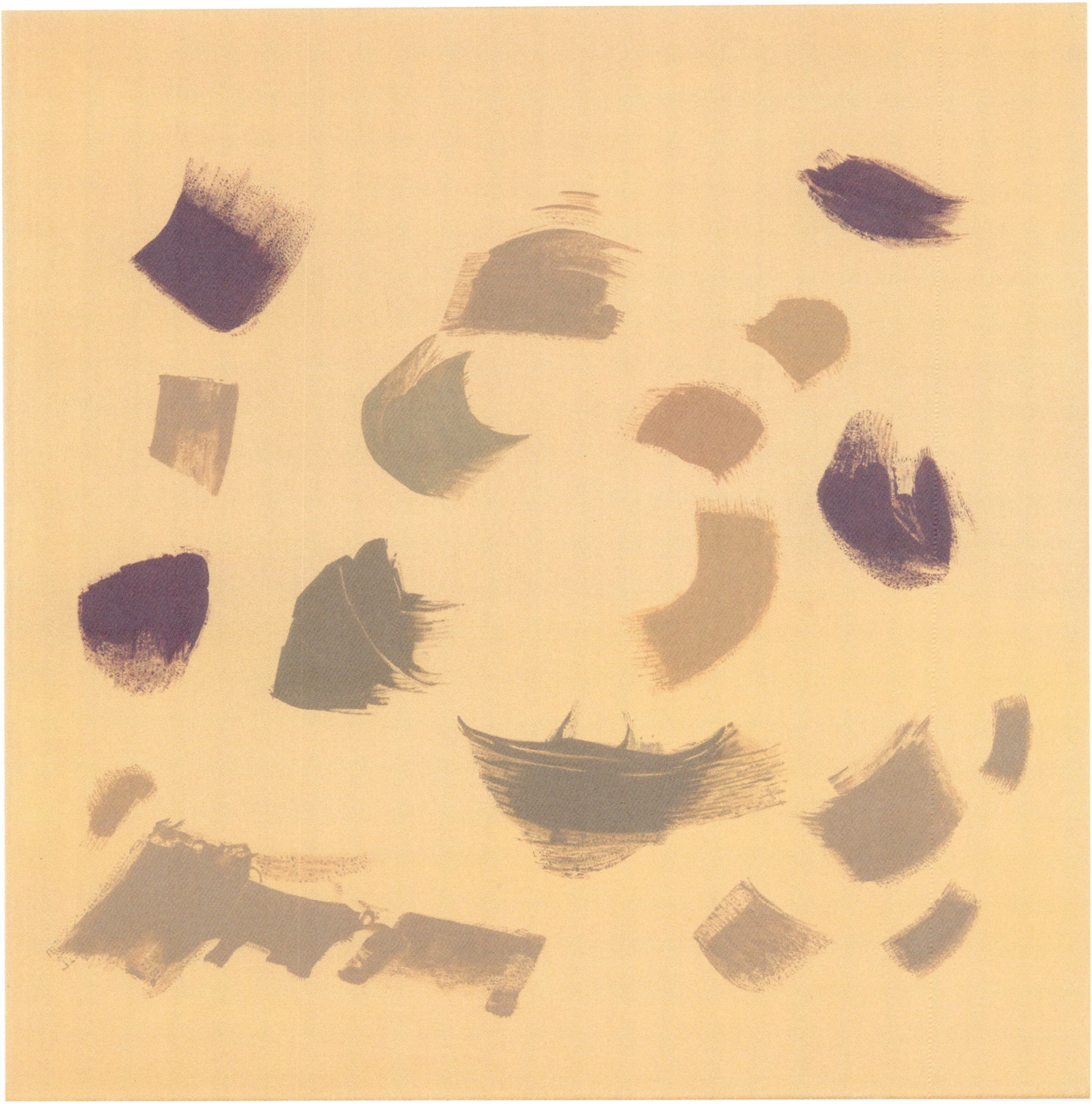

Ohne Titel (Colour Sample no. 3) | *Untitled (Colour Sample no. 3)*, 2015

de-re-constructions I | *De-Re-constructions I,* 2015, Galerie Vayhinger, Singen
Foto | *Photo* Gayer-Anderson Museum II, 2012/2015 (44/45)

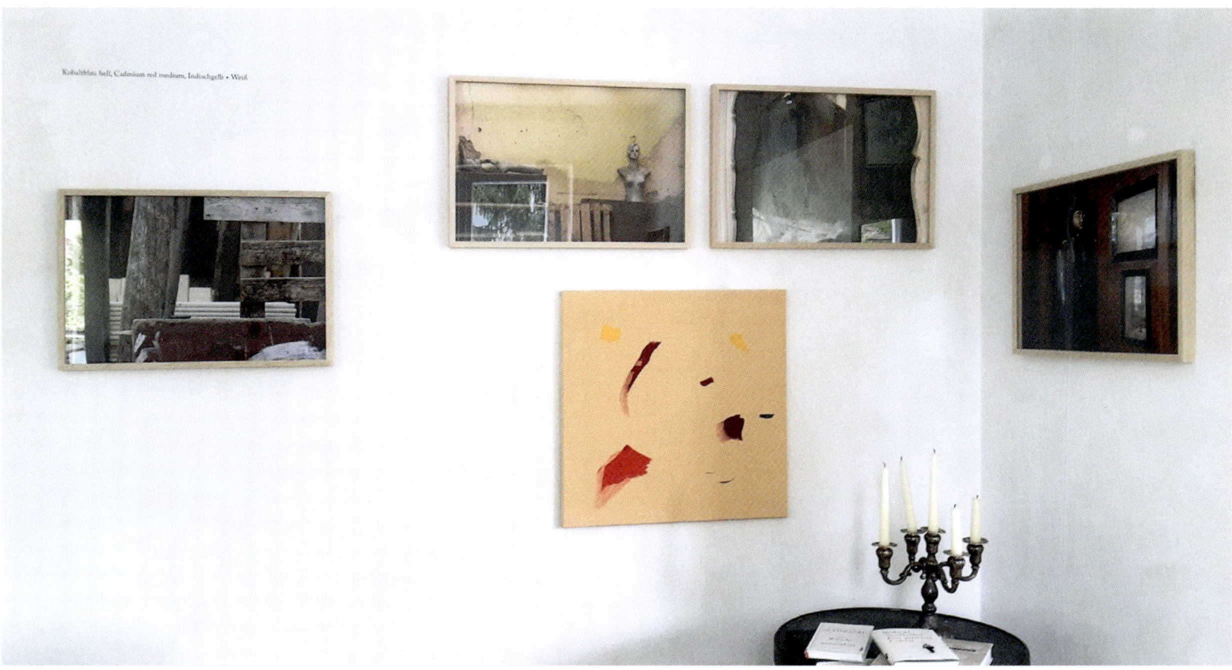

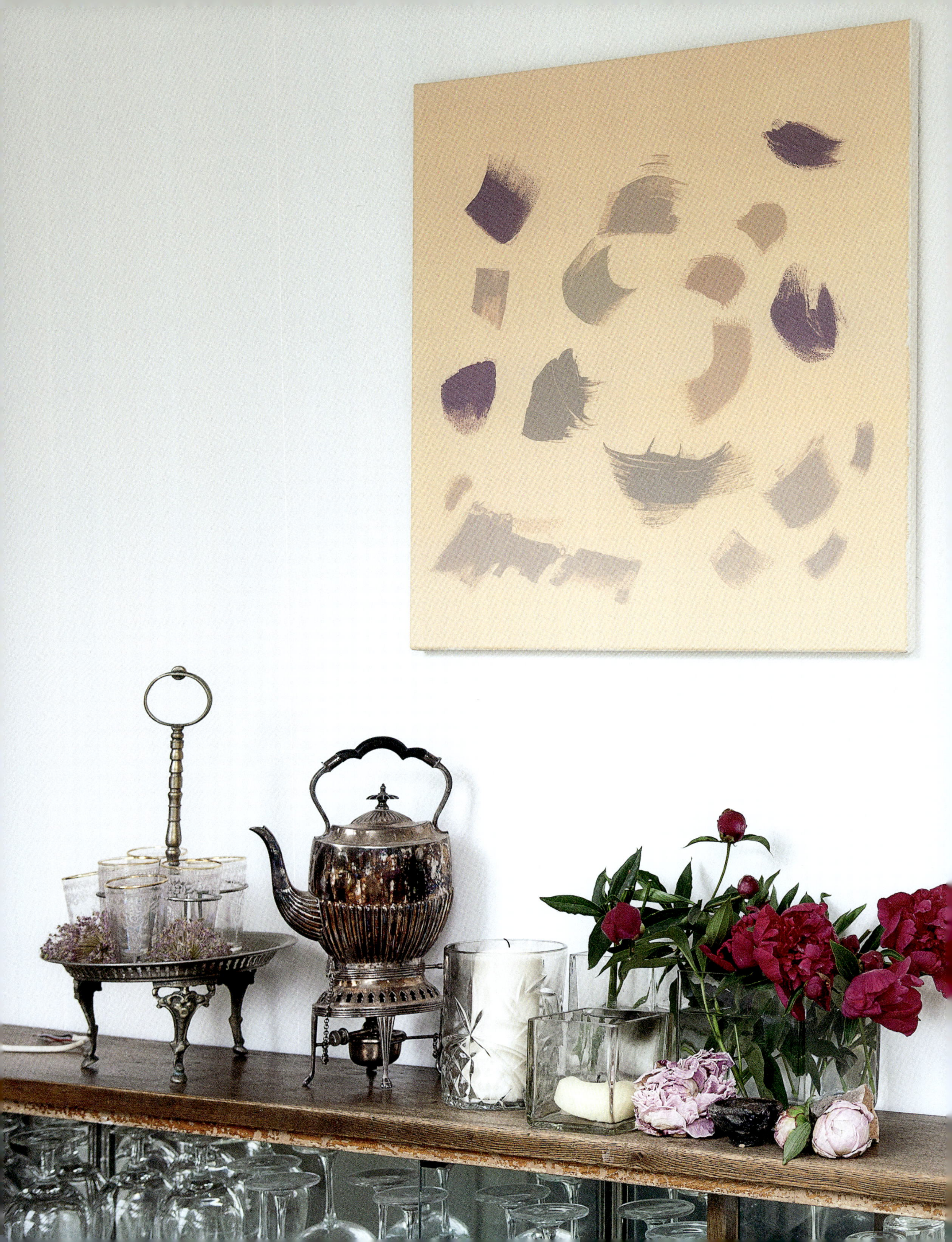

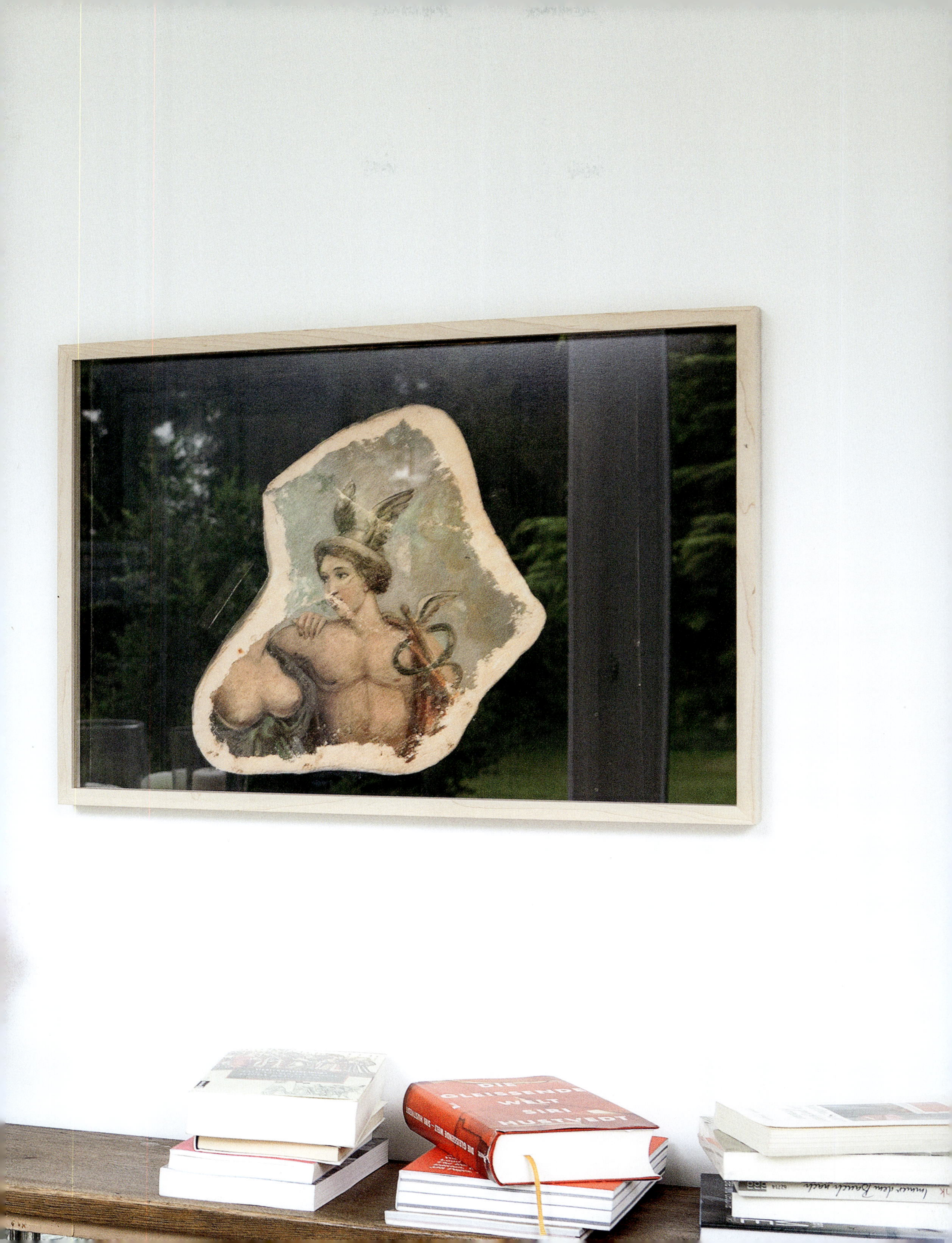
DIE GLEISSENDE WELT
SIRI HUSTVEDT

Farbe und Licht meines Bildes „Colour Sample no. 3“ versuche ich mit der für mich poetischen Fotografie zu verbinden, die ich beim Besuch des Gayer Andersson Museums in Kairo entdeckt hatte. Der Götterbote lehnt sich an eine Unbekannte, die ihn mit ihren Reizen lockt. Eine Hand hat sie ihm schon auf die Schulter gelegt. Er blickt sie an. Schmachtend. Die Spannung in dieser kleinen, fast ironischen Szene war es, die mich reizte, sie zu fotografieren.

I endeavour to create an analogous fusion between my *Colour Sample no. 3* composition's colour and light and the neighbouring – for me – poetical photograph, which I discovered during my visit to the Gayer Andersson Museum in Cairo. The messenger of the gods, seems to gravitate about the stranger, so as to lure him with her charms. She has placed a hand on his shoulder already, in turn, he fervently gazes upon her devotedly. There is tension in this tableaux, this almost ironical scene, that I just had to capture through the lens.

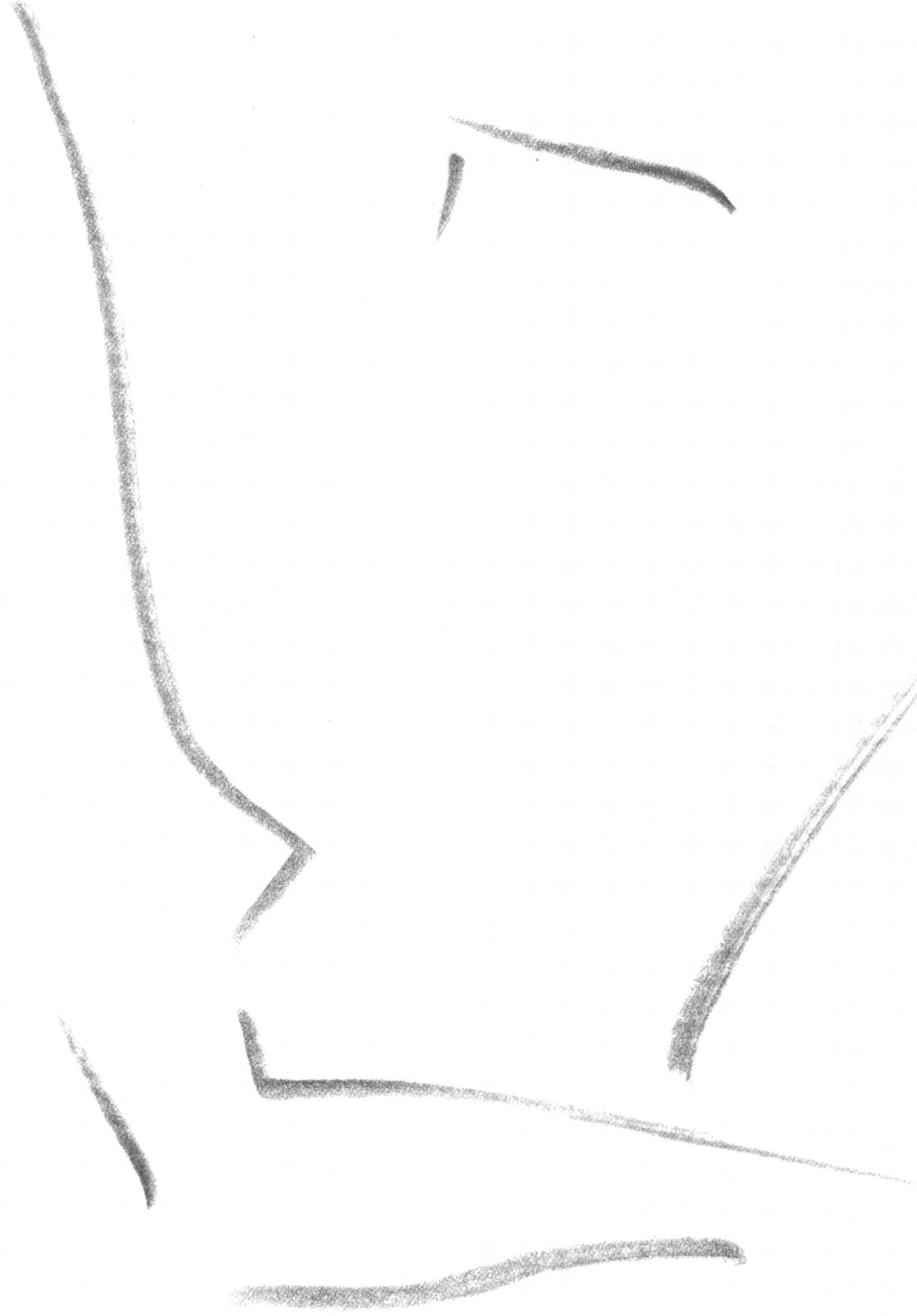

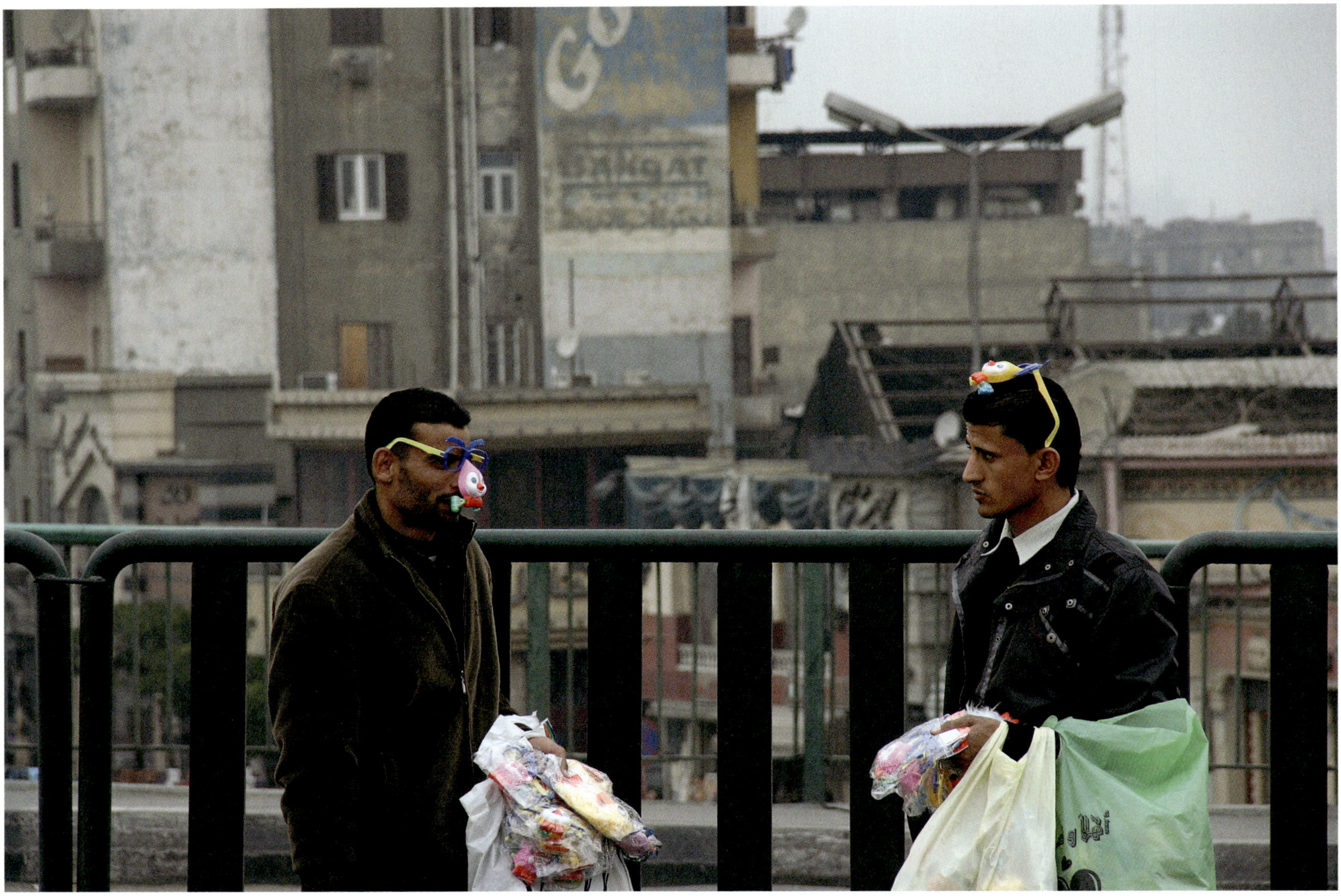

Ohne Titel | *Untitled*, 2012/2015

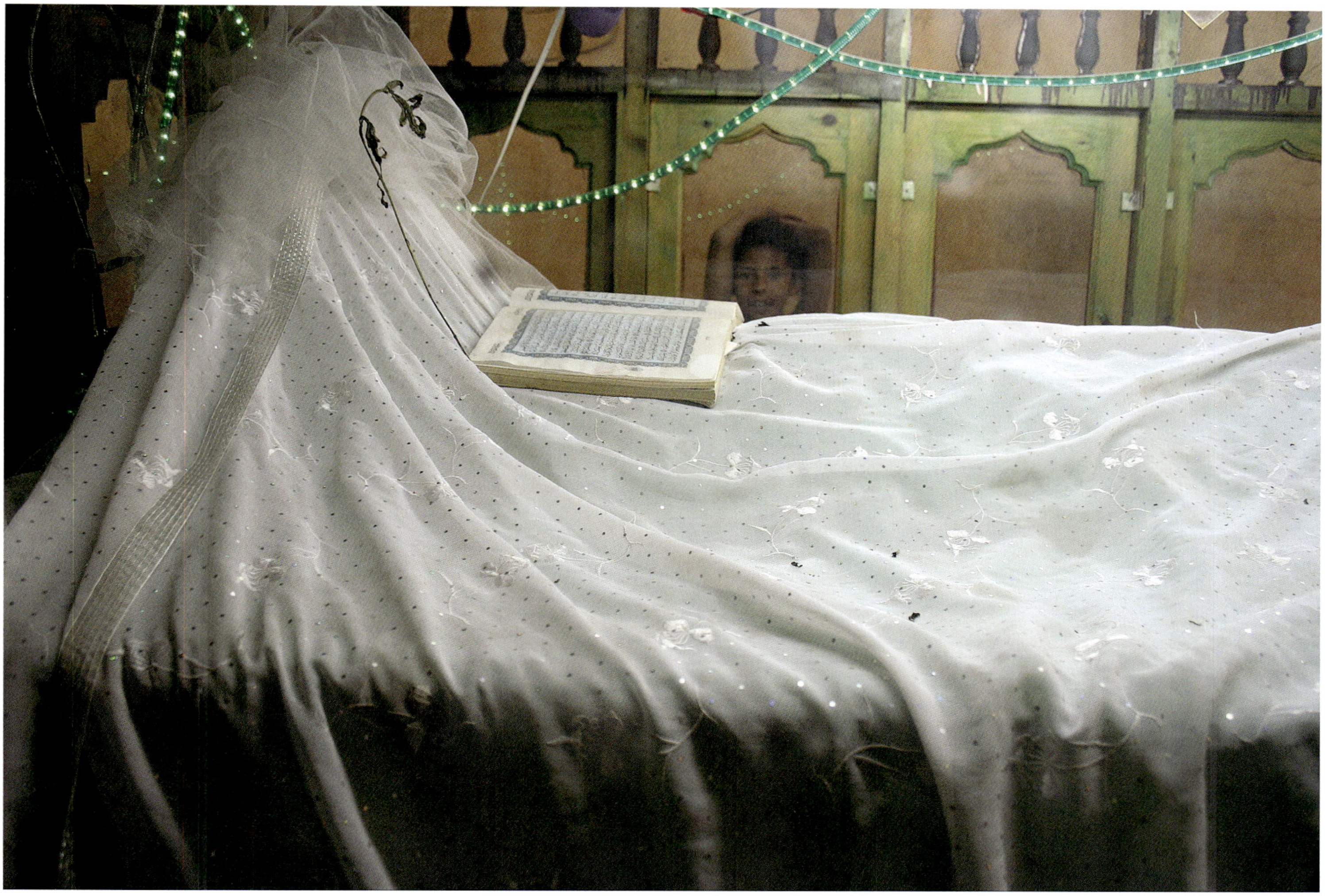

Ohne Titel | *Untitled,* 2012/2015
de-re-constructions II | *De-Re-constructions II,* 2015, Württembergischer Kunstverein Stuttgart (50/51)

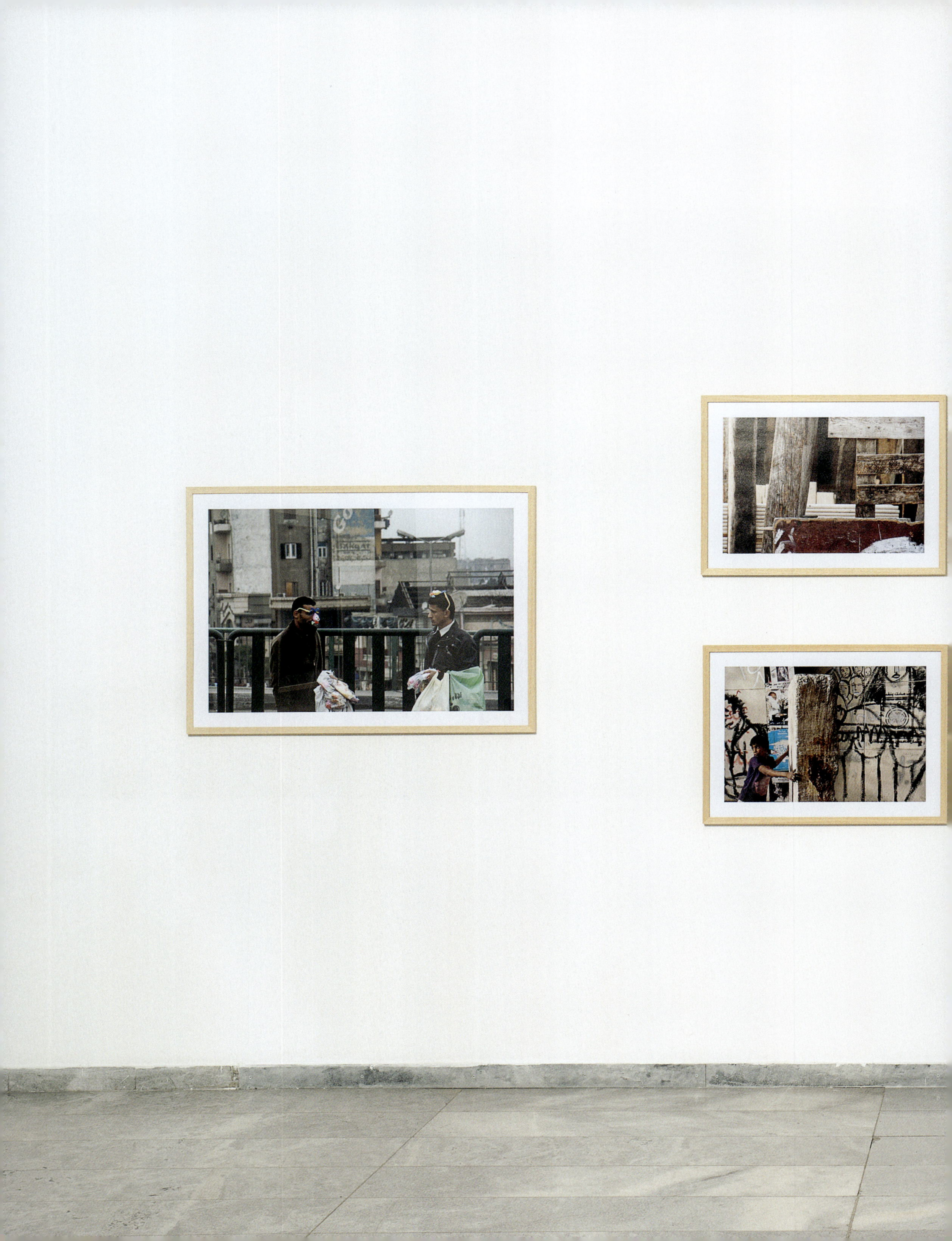

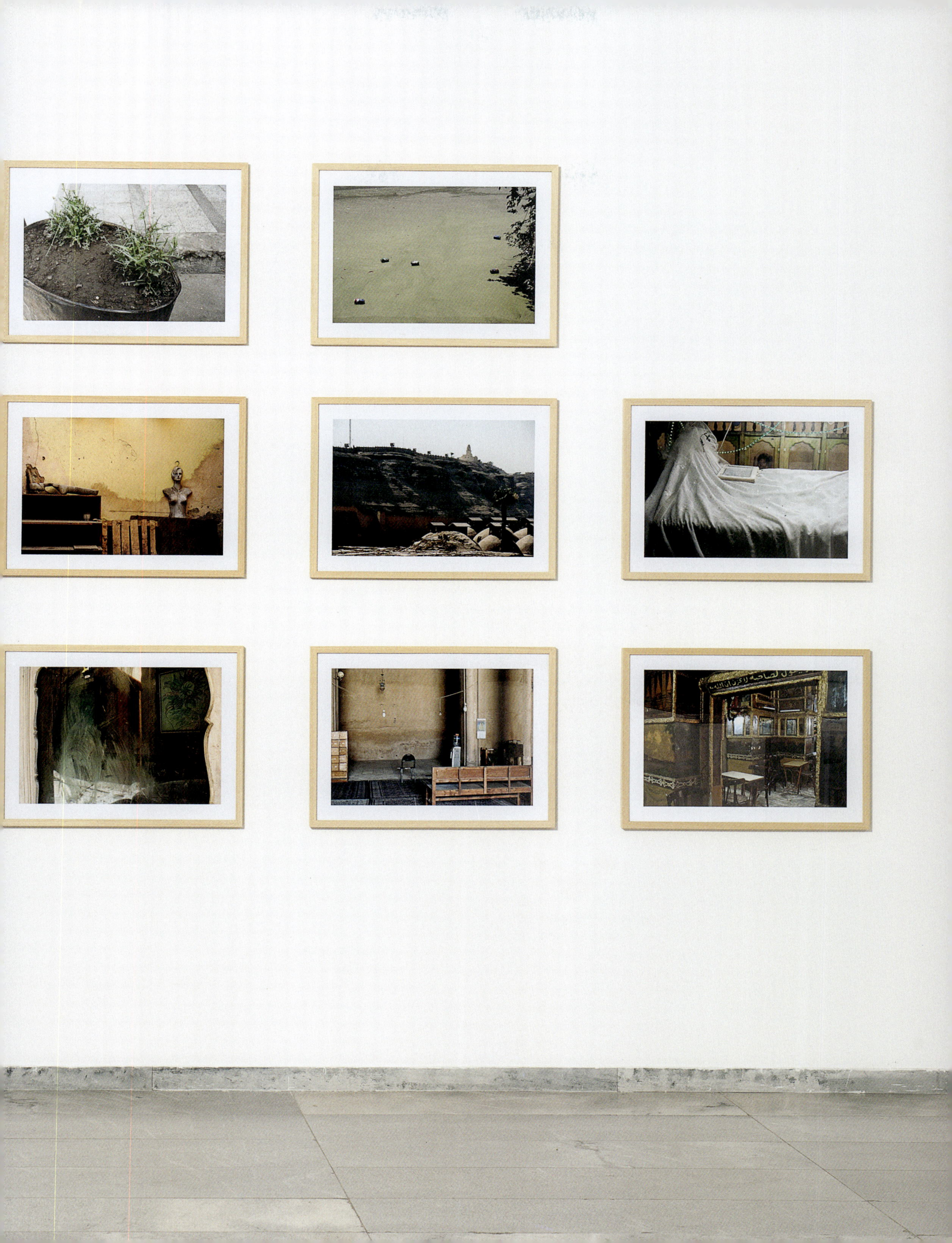

Barbara Armbruster und Hala Elkoussy sind der Metropole Kairo auf unterschiedliche Weise verbunden. 2012, in einer Zeit, die von der Aufbruchsstimmung des sogenannten Arabischen Frühlings geprägt ist, fertigen Barbara Armbruster und Hala Elkoussy Fotografien dieser Stadt im Wandel an. Beide fokussieren einen fragmentarischen und intimen Blick auf die Megastadt. Der fotografische Dialog beider Künstlerinnen für das Buch My Cairo wurde im Rahmen der Ausstellung de-re-constructions im Württembergischen Kunstverein fortgesetzt. Armbrusters Fotografien von Kairo fokussieren Details, Anhaltspunkte und Spuren, die jedoch nie zu einem durch das Bild abgesicherten Narrativ führen. Sie zeigen Innen- und Außenräume, denen trotz oder wegen ihrer prekären, heruntergekommenen Ausstattung ein gewisser Bühnen- und/oder sakraler Charakter zu eigen ist; in denen sich Alltägliches und Außergewöhnliches, anscheinend Zufälliges und scheinbar Arrangiertes überlagern und bei denen es manchmal unklar bleibt, ob man sich in einem Innen- oder Außenraum befindet. In einer Fotografie, die eine Hochhaussiedlung zeigt, gehen die vertrockneten blattlosen Bäume im Vordergrund ein formales Spiel mit den kargen, modernistischen Straßenlaternen im Hintergrund ein. Armbrusters Fotografien von Kairo sind eher leise Bilder, die den Wandel nicht als belegbaren Umsturz, sondern auf seismografische Weise als Potential des noch Unbekannten verhandeln.

Barbara Armbruster and Hala Elkoussy share an association with the cultural metropolis of Cairo, albeit in different ways. In 2012, at a time marked by the spirit of the so-called “Arab Spring”, Barbara Armbruster and Hala Elkoussy took photographs of this city in transition. Both, sharing a common thread, focus on a fragmentary and intimate view of the megacity. The photographic dialogue between the two artists for the book *My Cairo* was continued in the context of the exhibition *De-Re-constructions* at the Württembergischer Kunstverein. Armbruster‘s photographs of Cairo focus on details, clues, and traces that; however, never lead to a narrative secured by the image. They show interior and exterior spaces; that, despite, or because, of their precarious, run-down facilities, have a certain stage and/or sacral character; in which the everyday and the extraordinary, the apparently random and the seemingly arranged overlap, and in which it sometimes remains uncertain whether one is in an interior or exterior space. In a photograph showing a skyscraper estate, the withered, leafless trees in the foreground enter into a formal interplay with the barren modernist street lamps in the background. Armbruster‘s photographs of Cairo are rather quiet images that do not negotiate the change as a provable upheaval, but in some seismographic sense deal with a potential of the hitherto unknown.

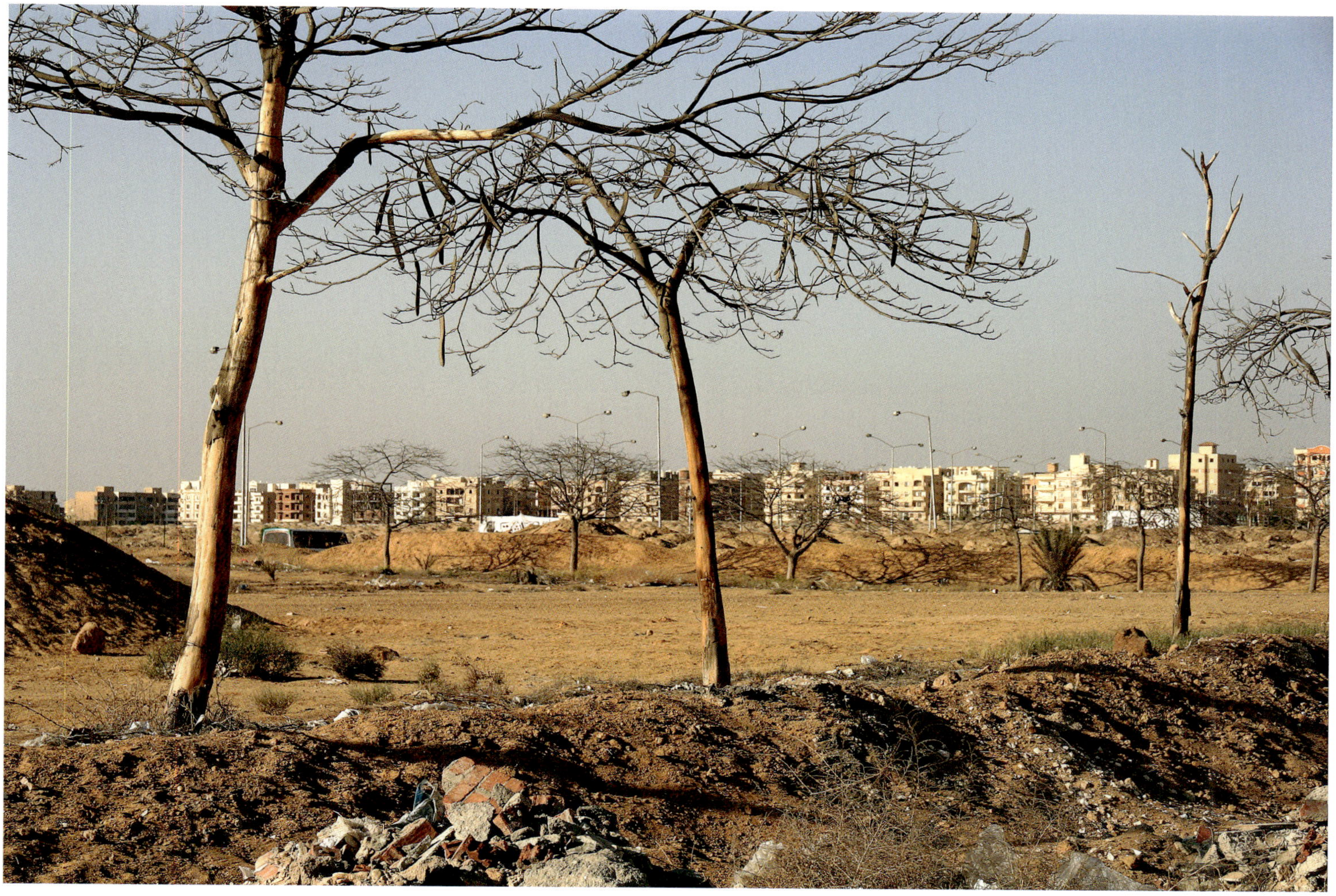

Ohne Titel | *Untitled*, 2012/2015

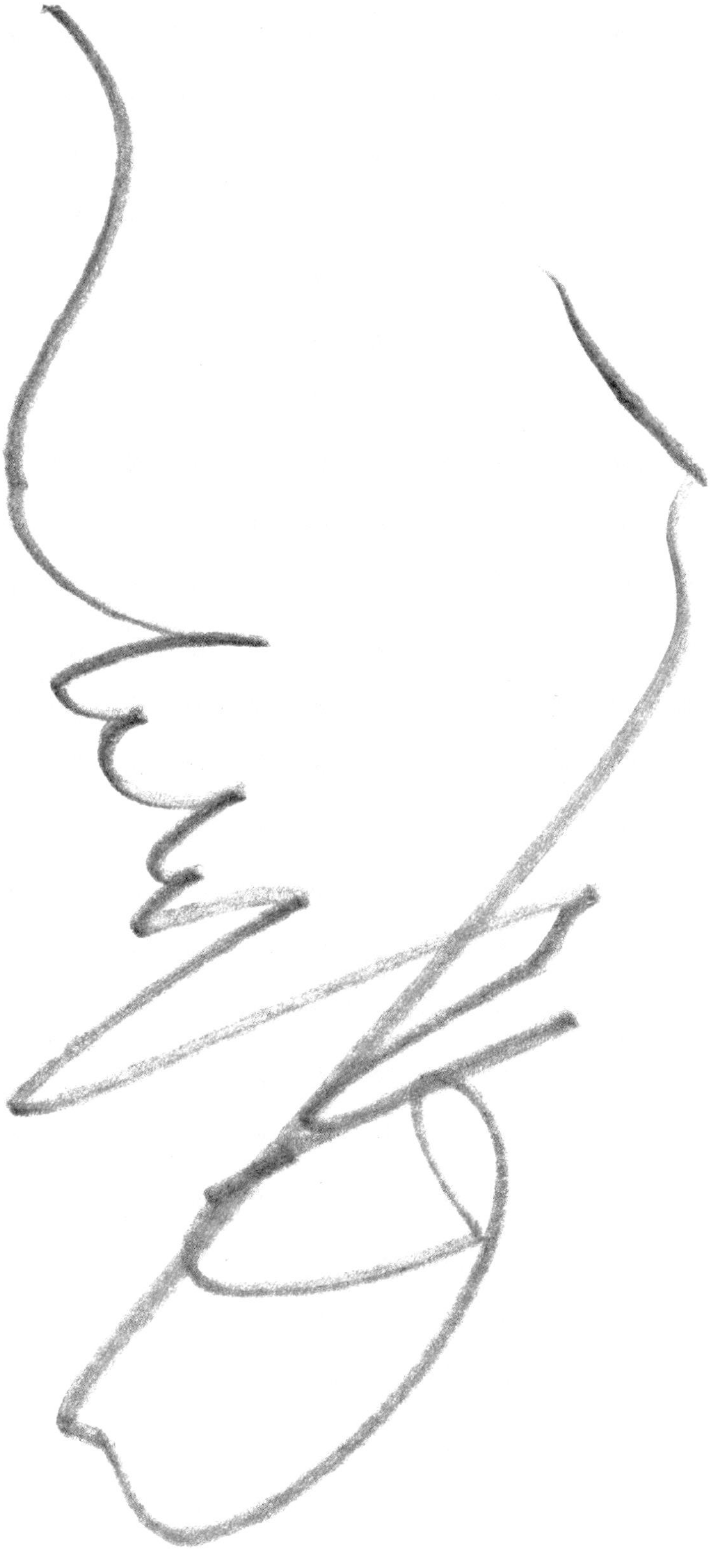

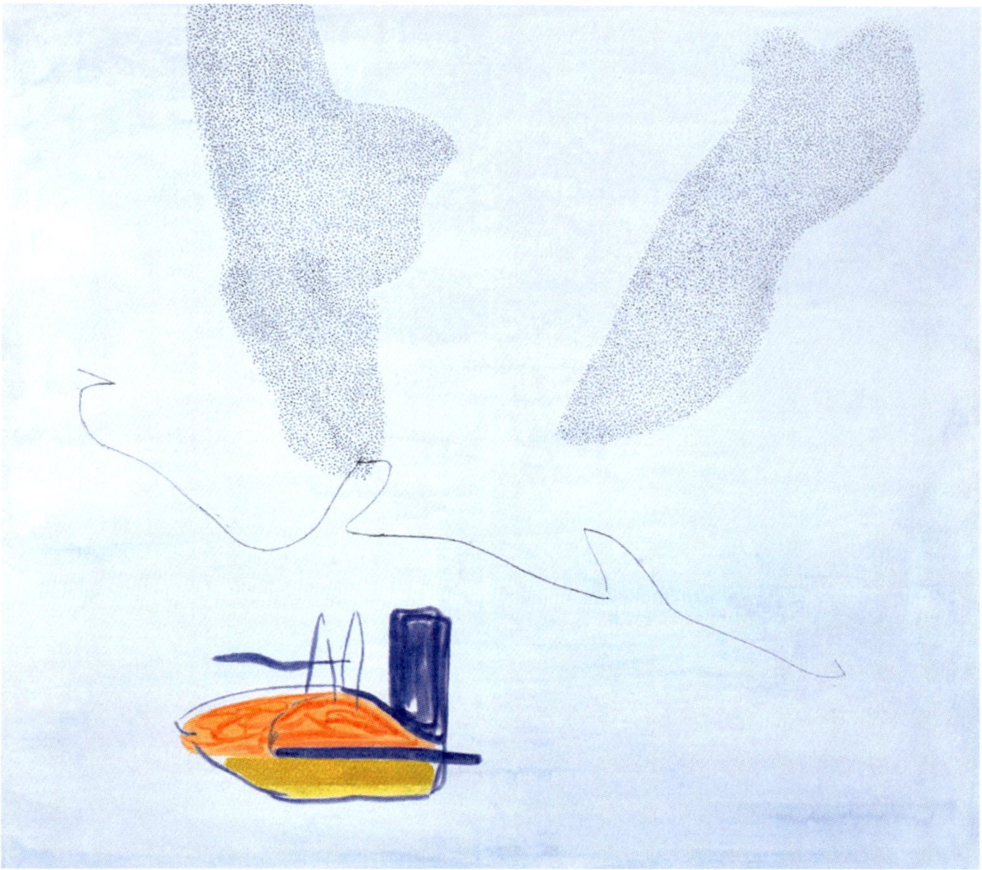

Ohne Titel | *Untitled*, 2014

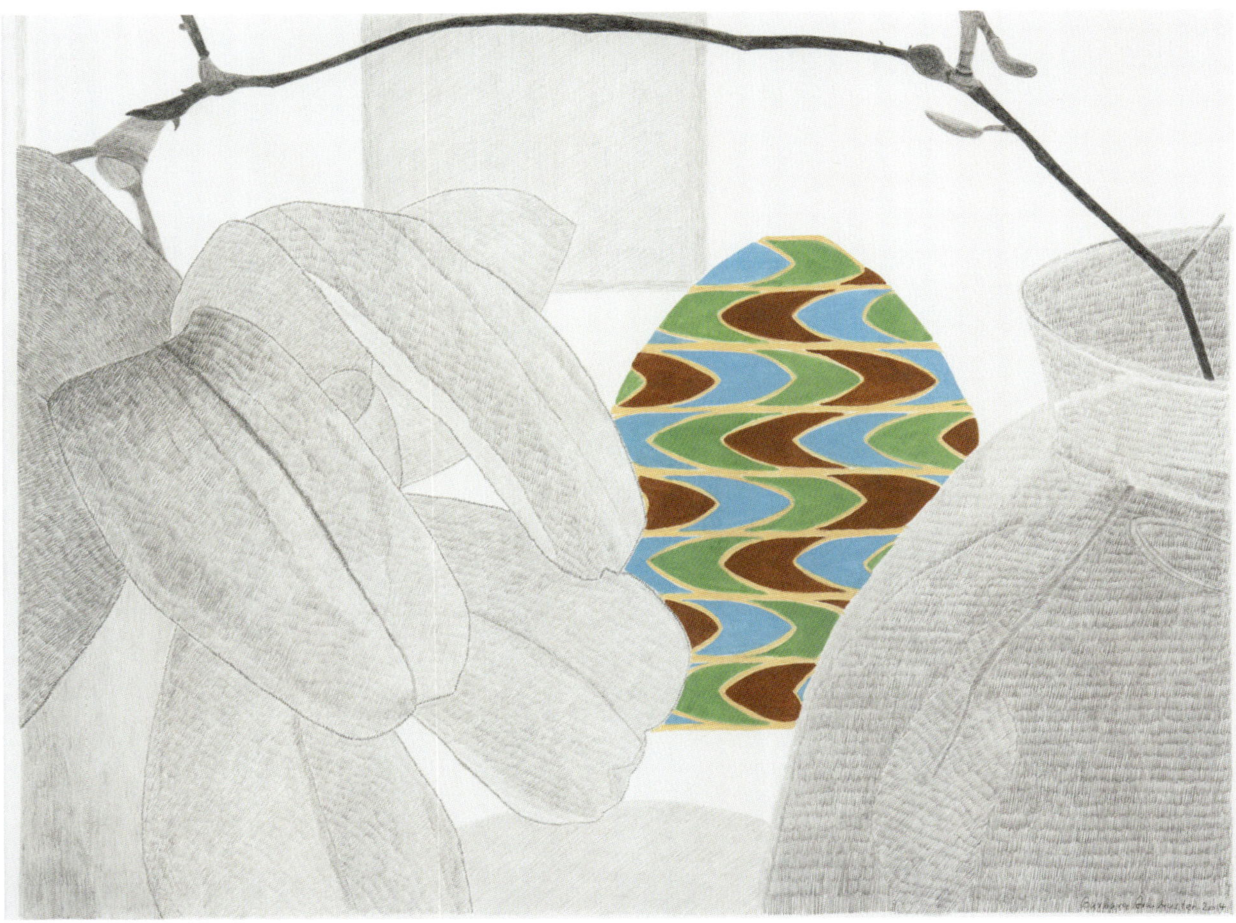

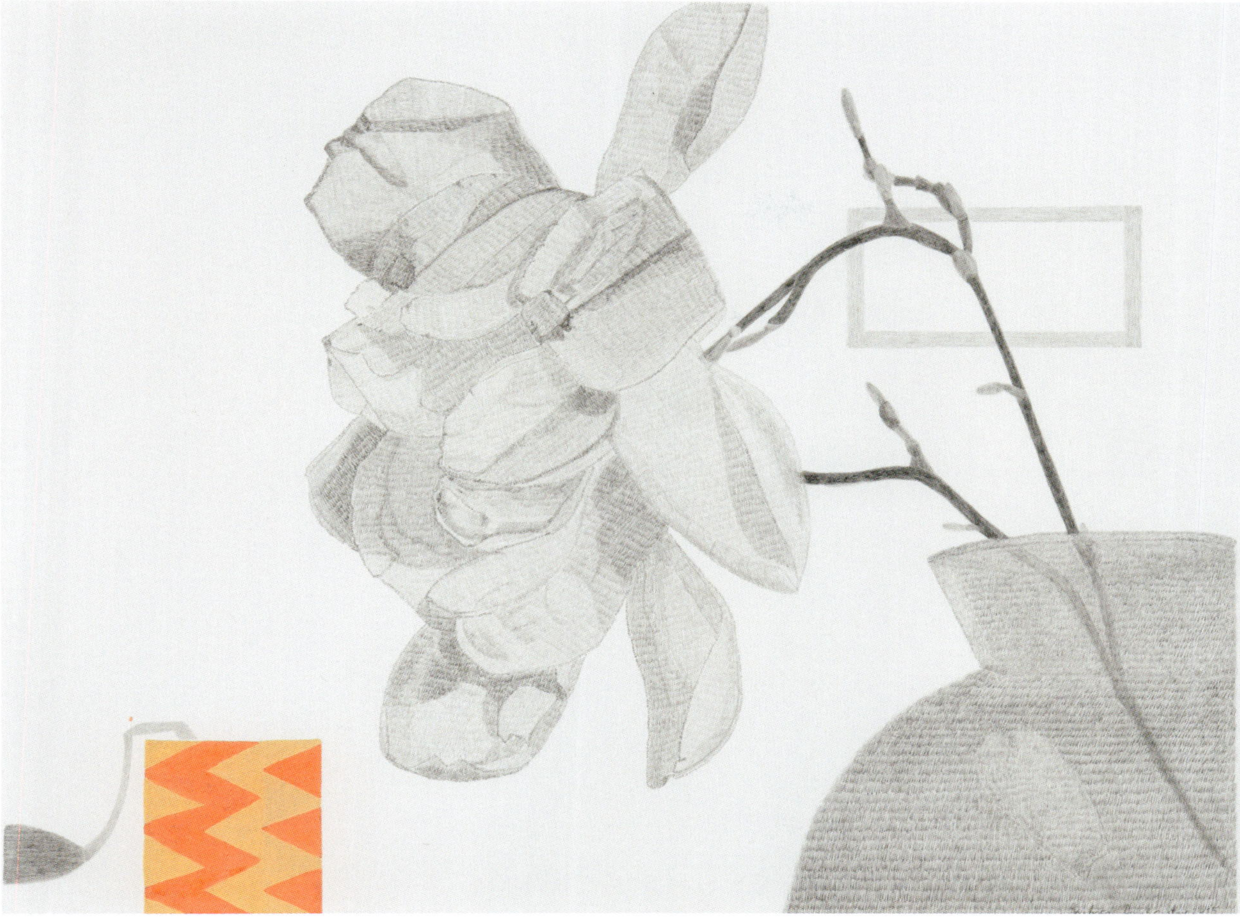

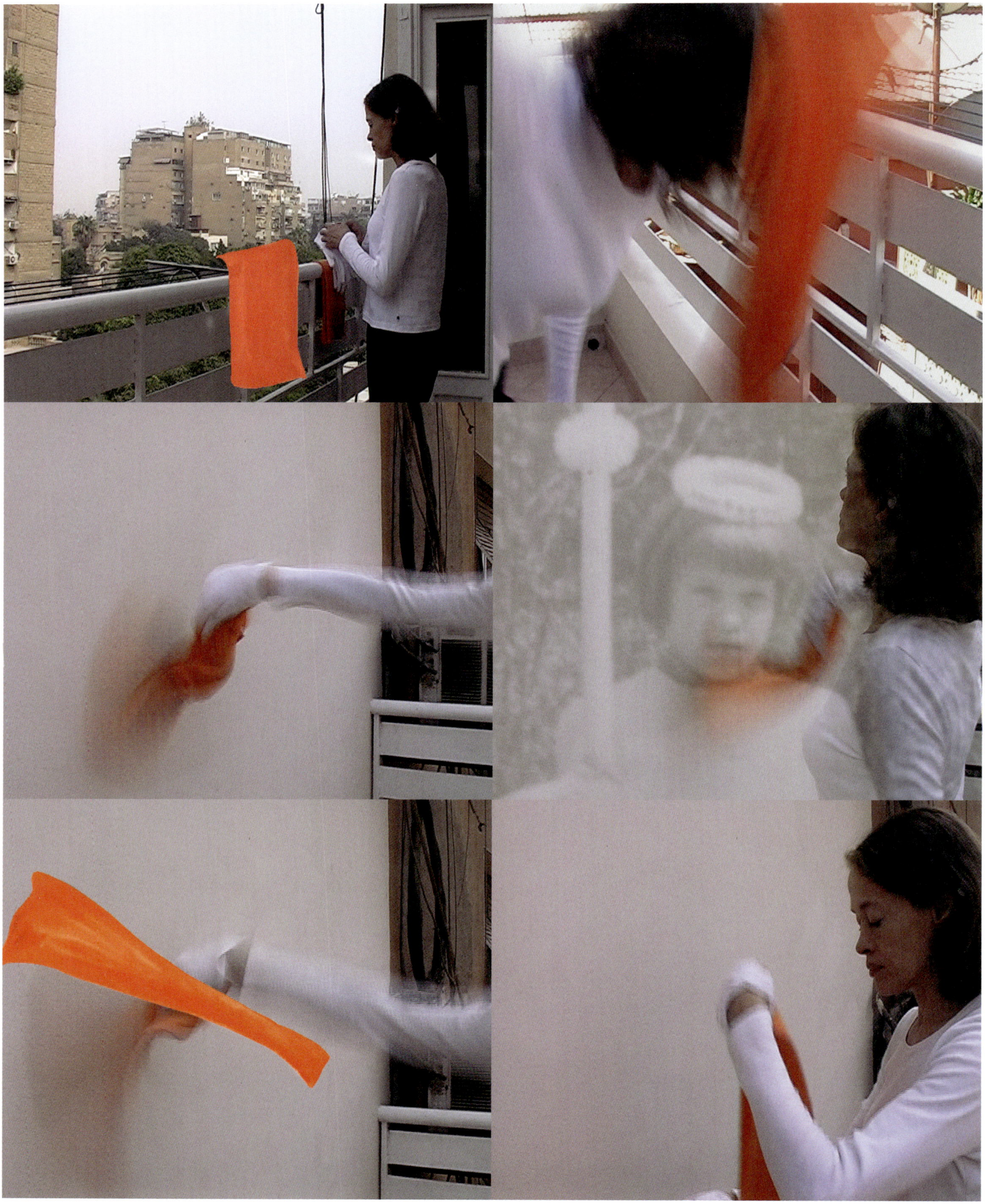

Morgen schlägt sie den Staub wieder | *Tomorrow She'll Beat the Dust Again*, 2012

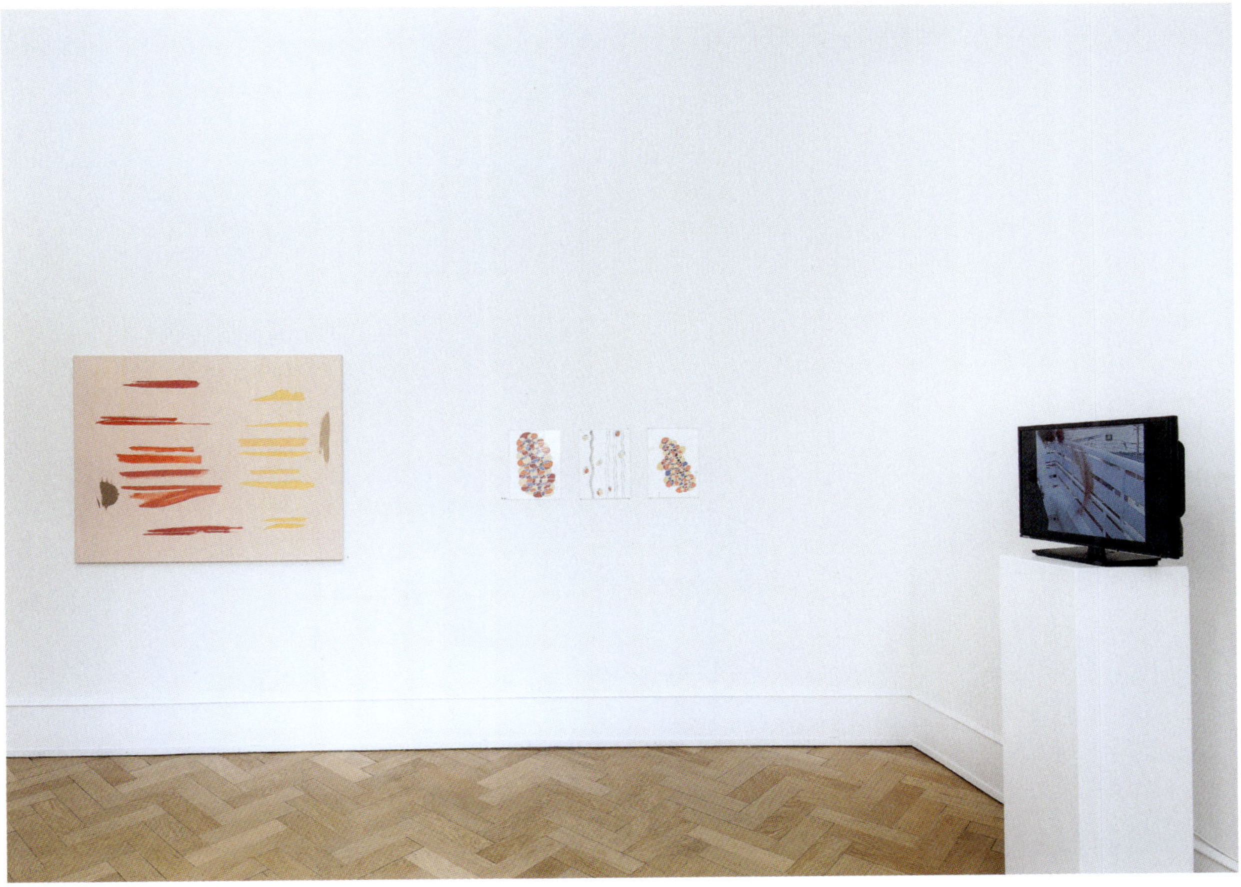

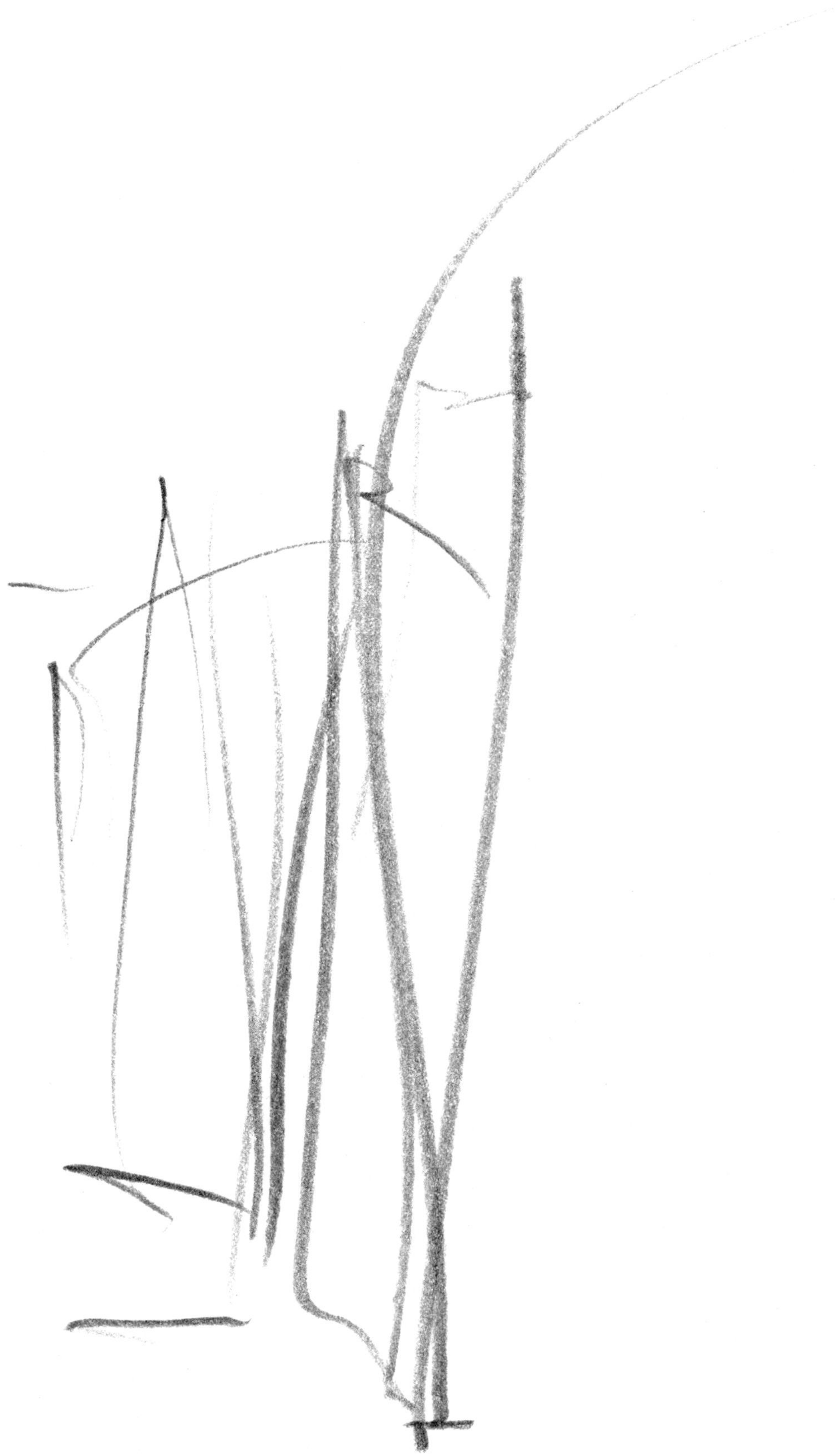

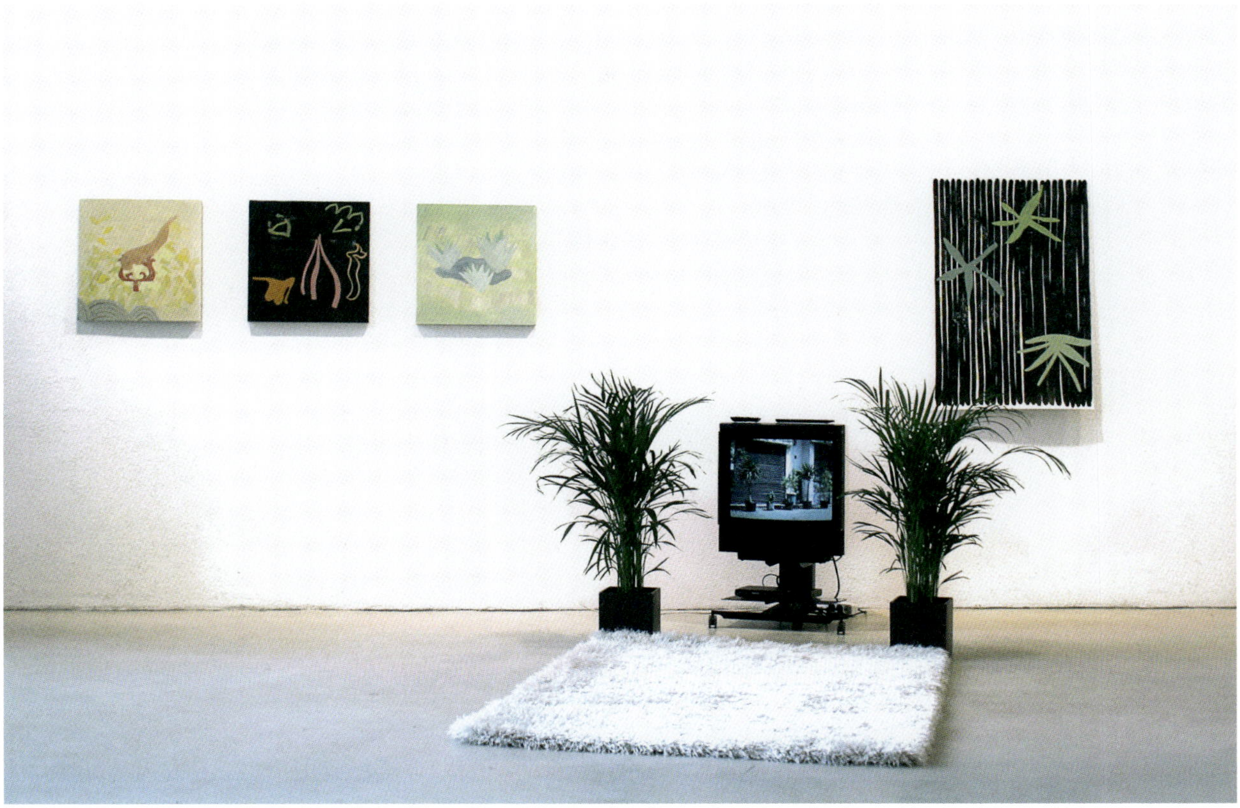

Flora. Flora, 2013, Galerie Manfred Rieker, Heilbronn

w:undgezeichnet

die ins augenbuch geschriebene luft-

linien. Davon 1 fernflattern/die nähe
1 zaghaftes schauen im alltagsohr. Wir

im zerbrechlichen, im ausgefransten/wer
führt die hand aus laut & welle?

die ins augenbuch entworfenen lust-

linien. Davon, was b:leibt/als sehnsucht
1 zarte fremde, hautbuchstaben. Wir

im mundverhörten, 1 lippenahnung/wo
ist das wort, das noch bestünde?

die ins augenbuch verortete front-

linien. Davon 1 singular/kein plural
im gem:einsamen tod, immer 1 d:ich. Du

im ungebeugten

Für Barbara und ihre Zeichen

woundraw:n

those written in the book of eyes: bee-

lines. From these 1 distant flutter/the proximity
1 timid glimpse inside the ear of everyday. We

in this fragility, in tatteredness/who
drives the hand from sound and wave?

those created in the book of eyes: passion-

lines. From these what re:mains/as longing
1 tender stranger, letters of skin. We

in the misheard mouth, 1 lip premonition/where
is the wor(l)d which would still persist?

those grounded in the book of eyes: front-

lines. From these 1 singular/no plural
in our con:solitary death, always 1 and y:ours. In this

indomitability: You

For Barbara and her signs

José F. A. Oliver, Lyriker | *Poet*
Englische Übersetzung | *English translation:* Jon Cho-Polizzi

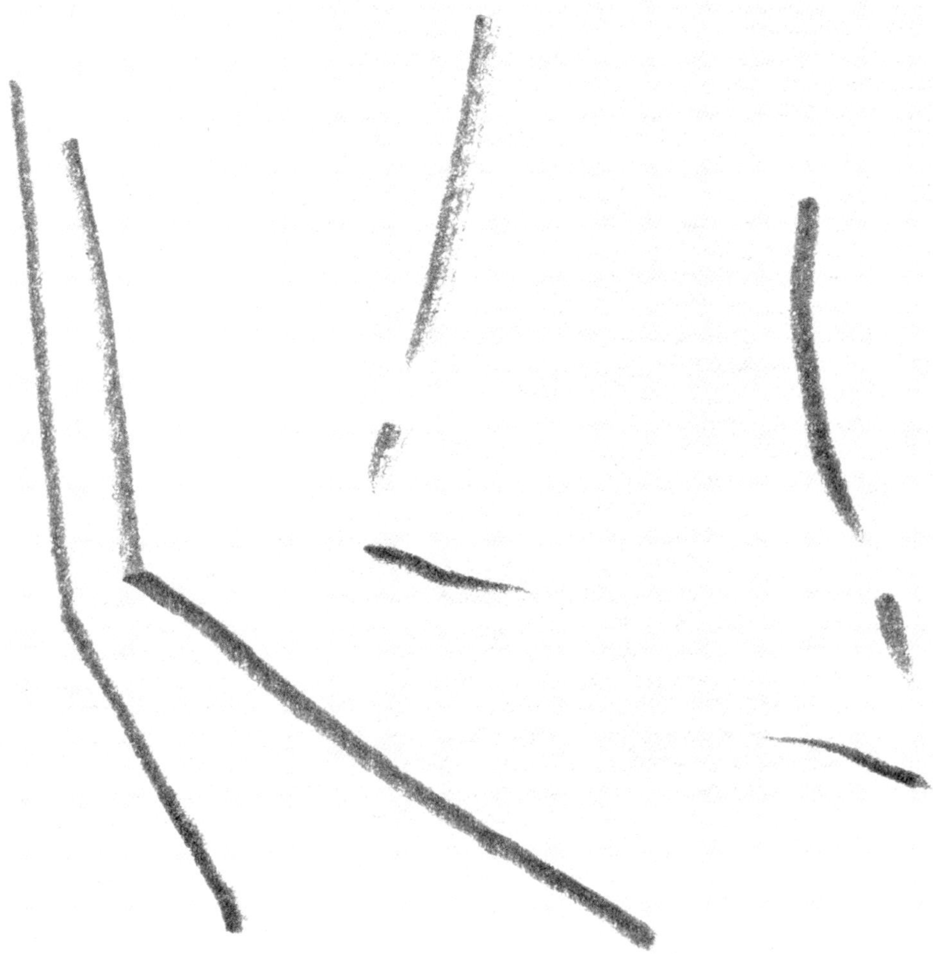

The Green, the Street and the Scent of Life, 2011, Safar Khan Gallery, Cairo

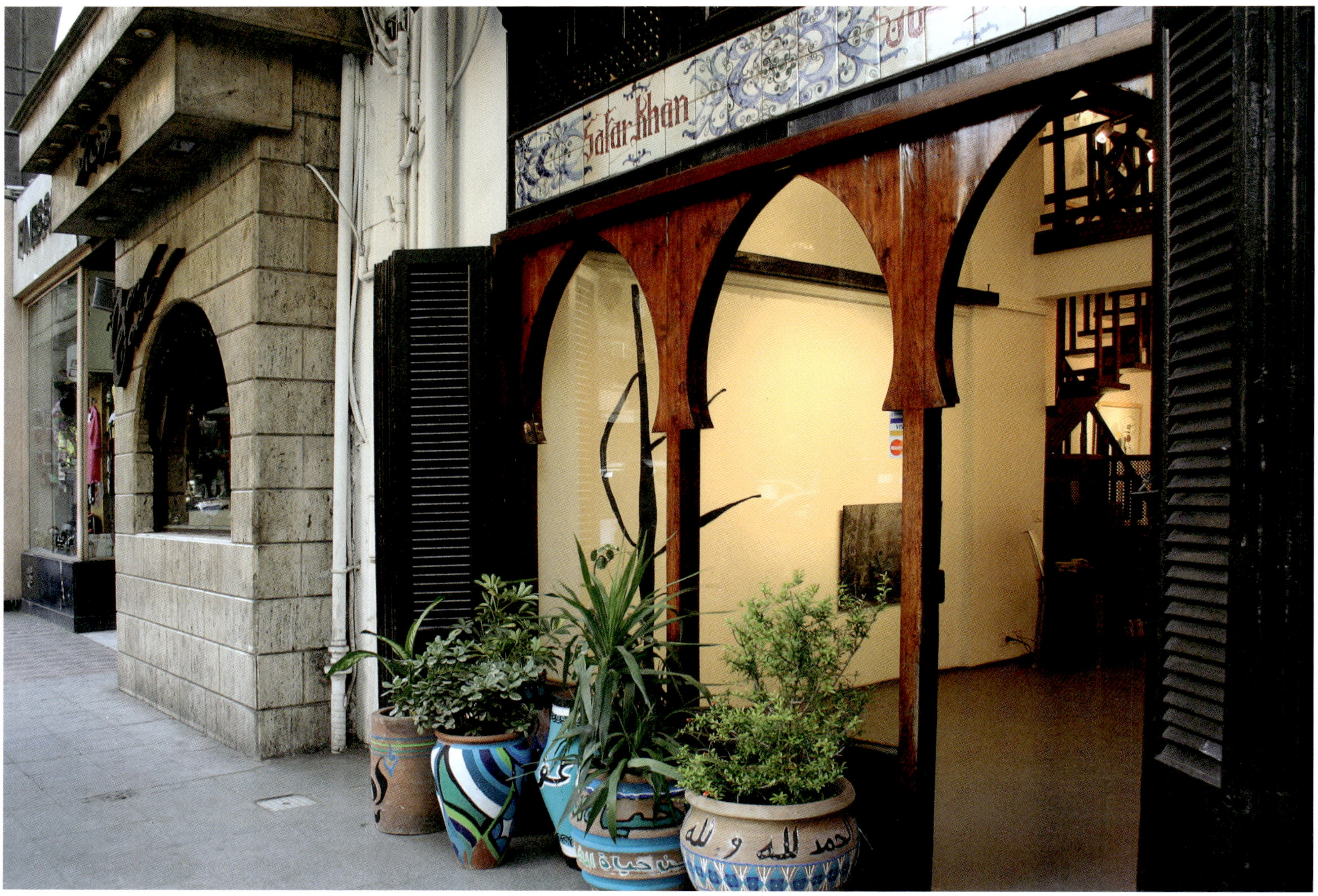

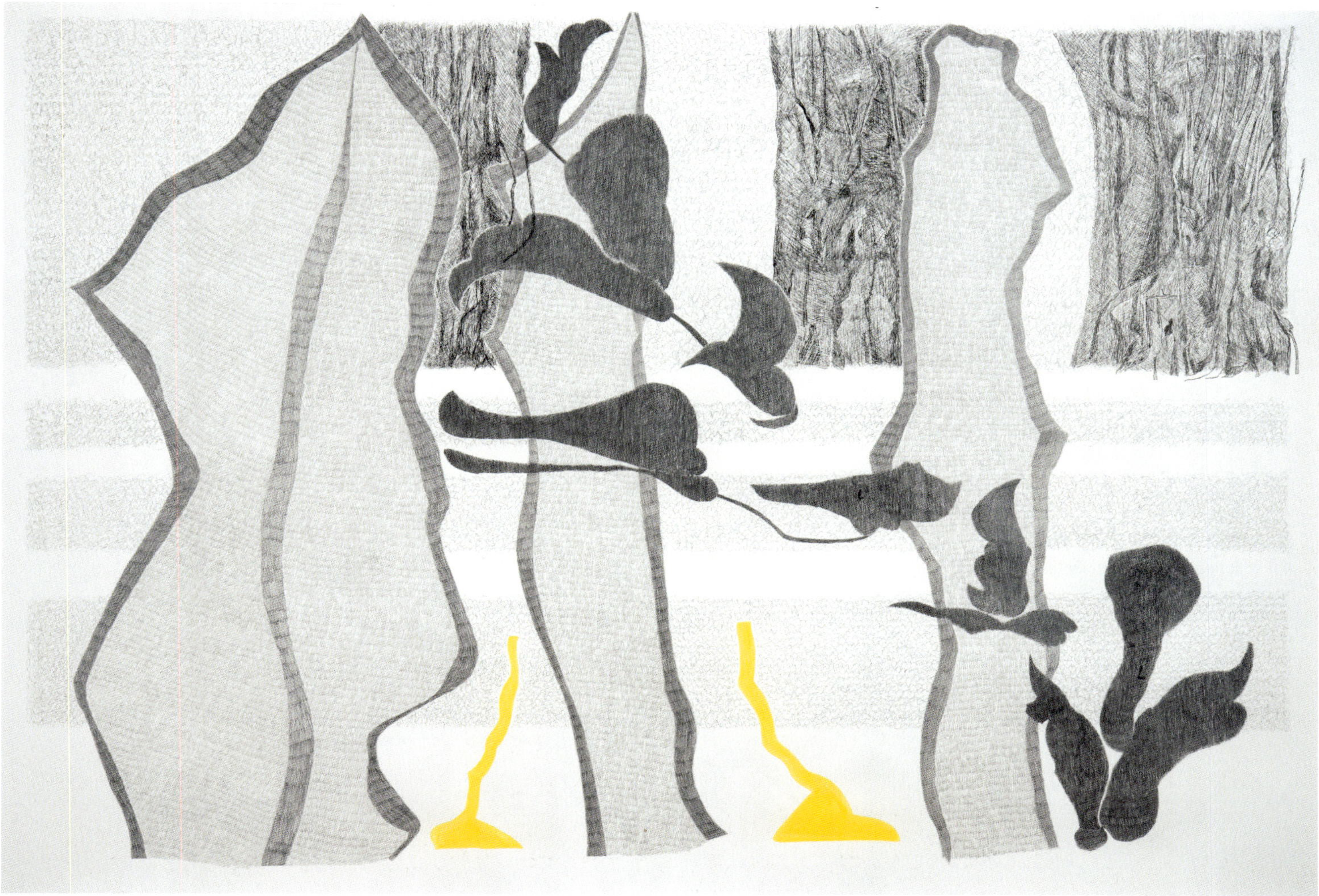

Ohne Titel | *Untitled,* 2010

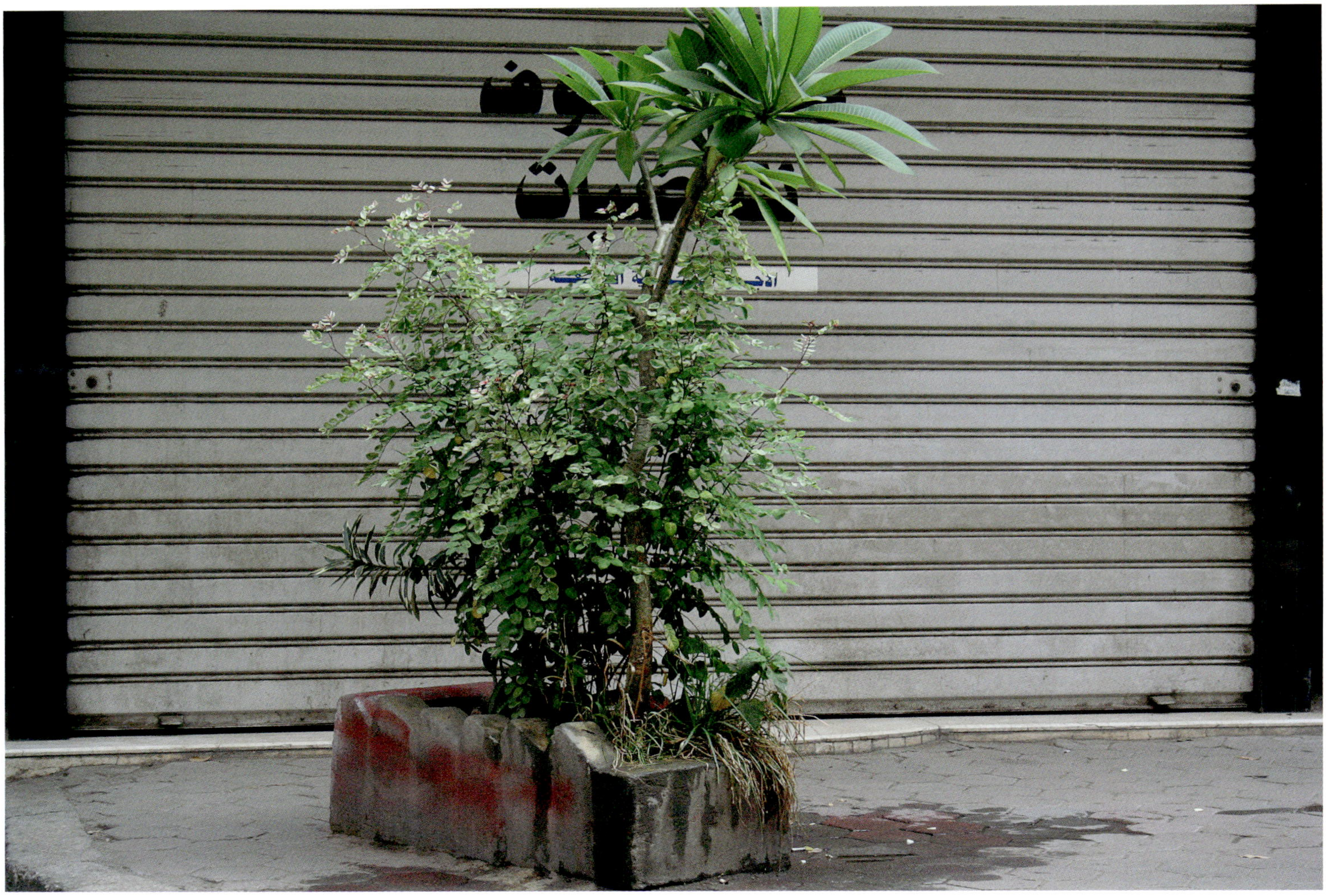

Green #65, 2010

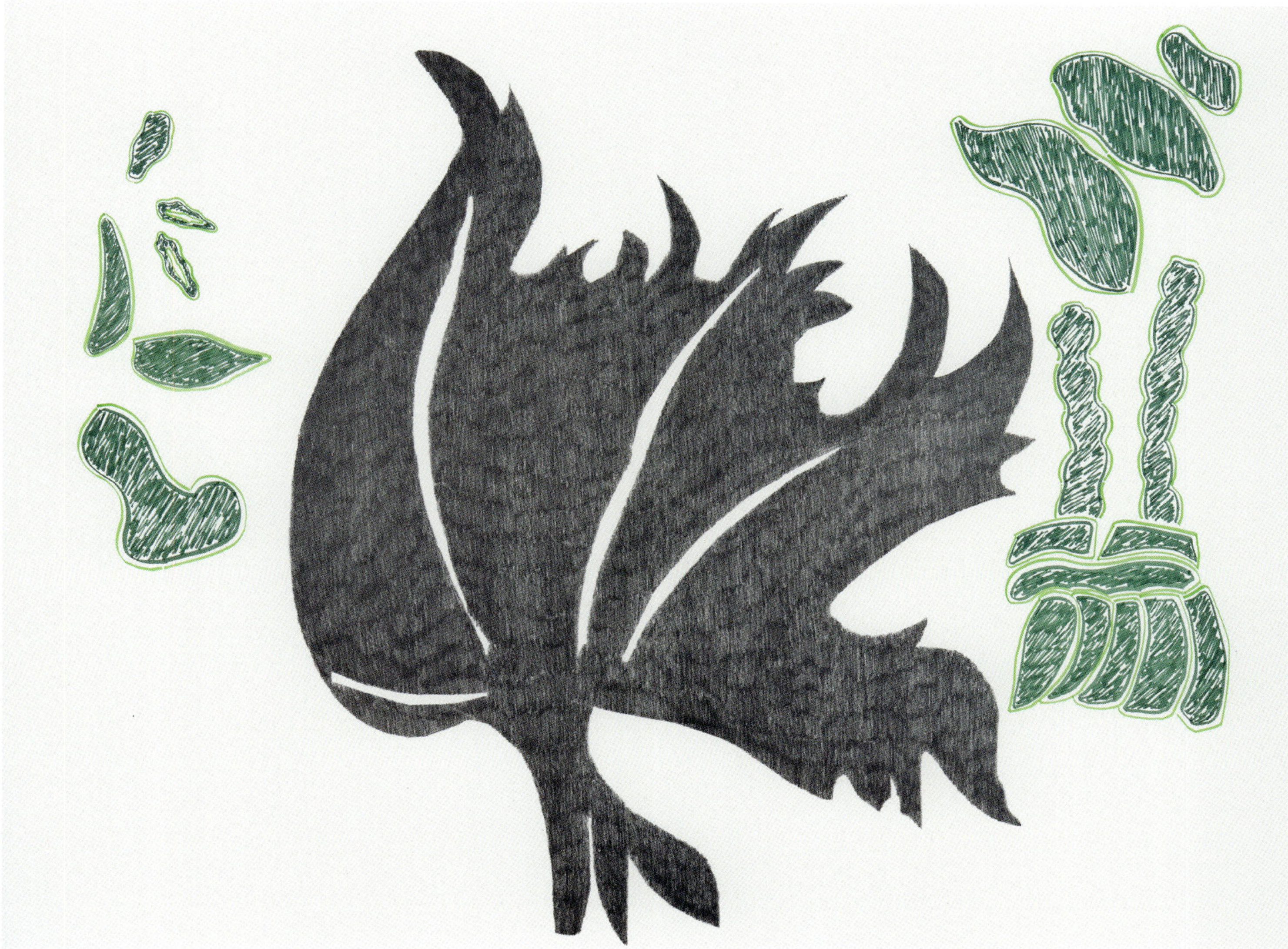

Ohne Titel | *Untitled,* 2010

The melons are so sweet
that you are getting sick

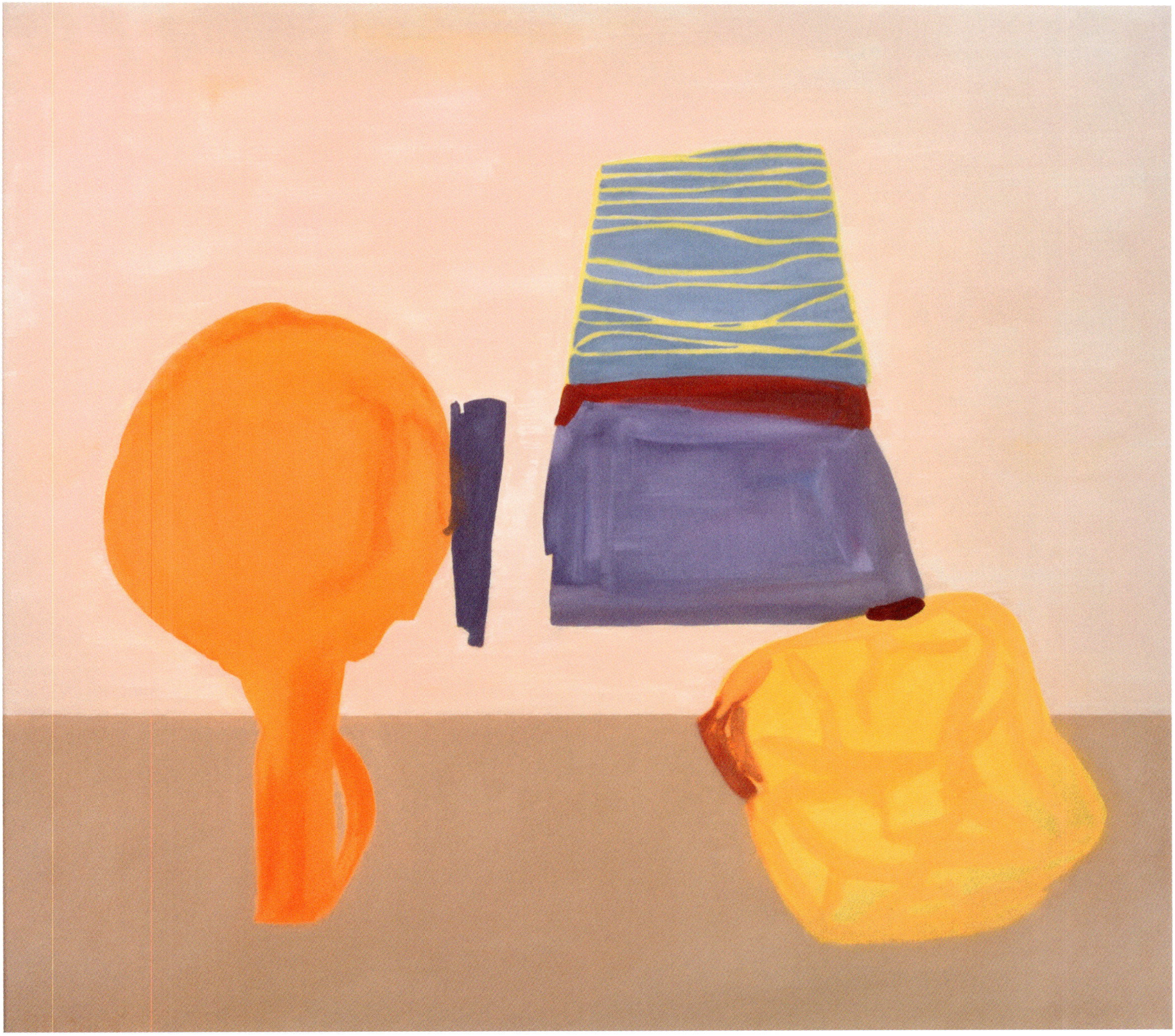

Granat. Drei | *Garnet. Three,* 2013

Zwischen Licht, Lärm und Stille. | *Between Light, Noise and Silence.*, 2013, Galerie G – Dr. Gudrun Selz, Freiburg

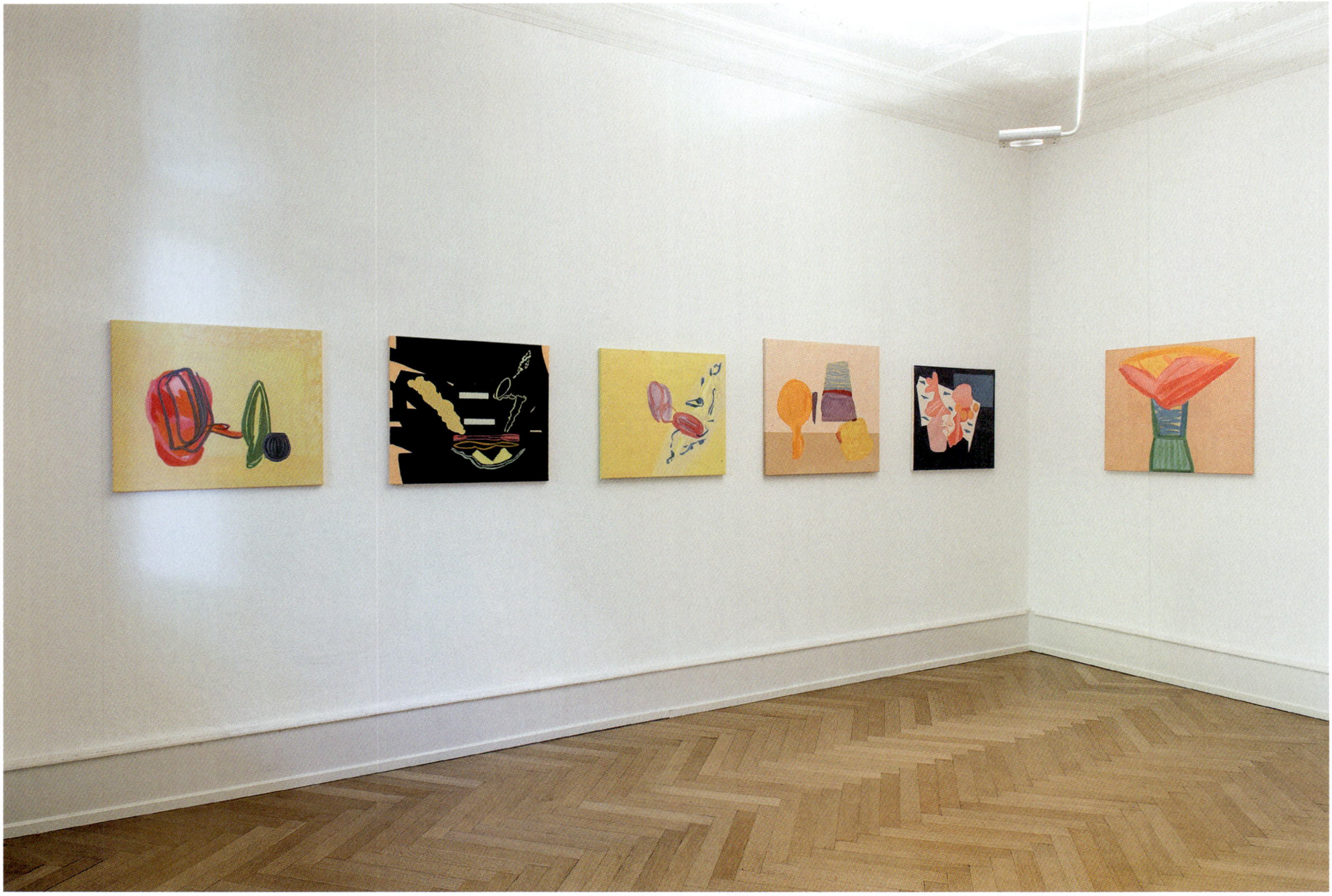

Die Gemälde von Barbara Armbruster schwingen wie leise, tiefe Töne - sanft, unaufdringlich, aber vernehmlich im Inneren. Sie lassen einen mit dem Gefühl zurück, elektrisiert zu sein von einem Gedanken, den man nie ganz zu fassen bekommt.
Da sind die Farben – deren Kontrast eine so zwingend leichtfüßige Resonanz erzeugt – die manchmal wie aus Licht gegossen wirken und manches Mal, als würde ein Schatten auf sie fallen.
Formen überziehen die Bilder, floral, ornamental, kenntlich bis verrätselt.
Sie bilden mit der Farbe einen Raum aus Licht, Leere und Stille, aus Vertrautheit und Fremde, in dem sich der Betrachter tastend, atmosphärisch annähert an – im speziellen Falle dieser Bilderserie – die poetische und dingliche Erfahrung eines anderen Kulturkreises. Fühlbar, sinnlich und herrlich unausgesprochen.

Barbara Armbruster‘s paintings resonate in muted, deep tones - gentle, unobtrusive, but perceivable. They leave you with the feeling of being aroused by a notion you can never quite grasp.
There are the colours – the contrast of which creates such a compellingly refined resonance – which sometimes seem to be cast from light and conversely as if a shadow were falling on them.
The images are comprised of forms, floral, ornamental; the recognisable to the ambiguous.
Given their colour schemes, they evoke a contemplative space, discreet and silent, born of both familiarity and strangeness, in which the viewer gropingly approaches the poetical and tangible savour of another culture – in this particular series – wonderfully tacit and sensual.

Vivien Sigmund, Kunsthistorkerin | *art historian,* Stuttgart

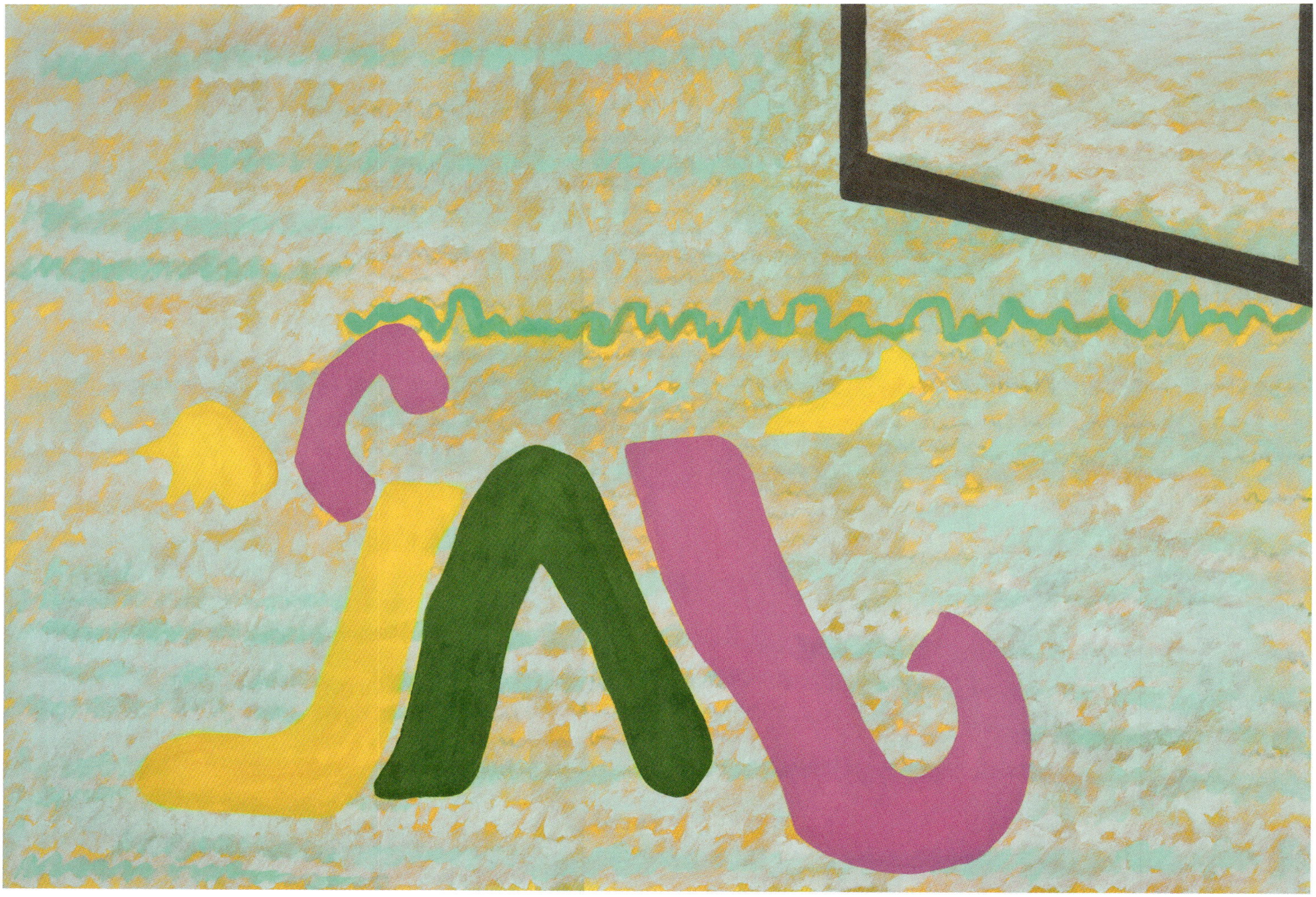

Ohne Titel | *Untitled, 2010*

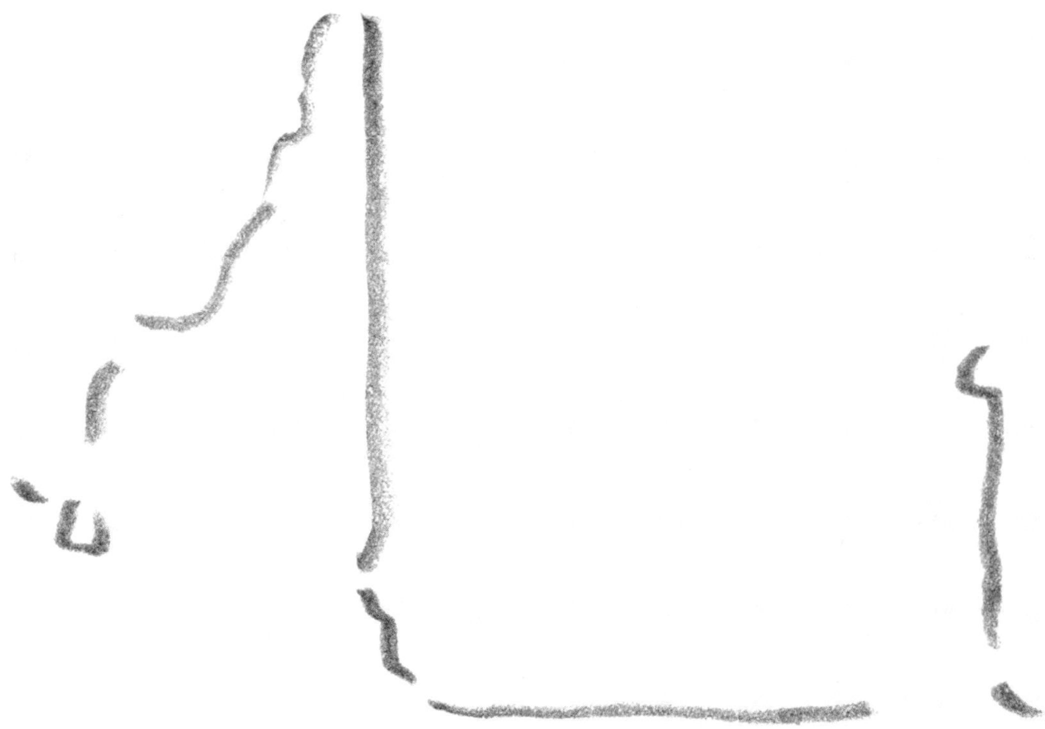

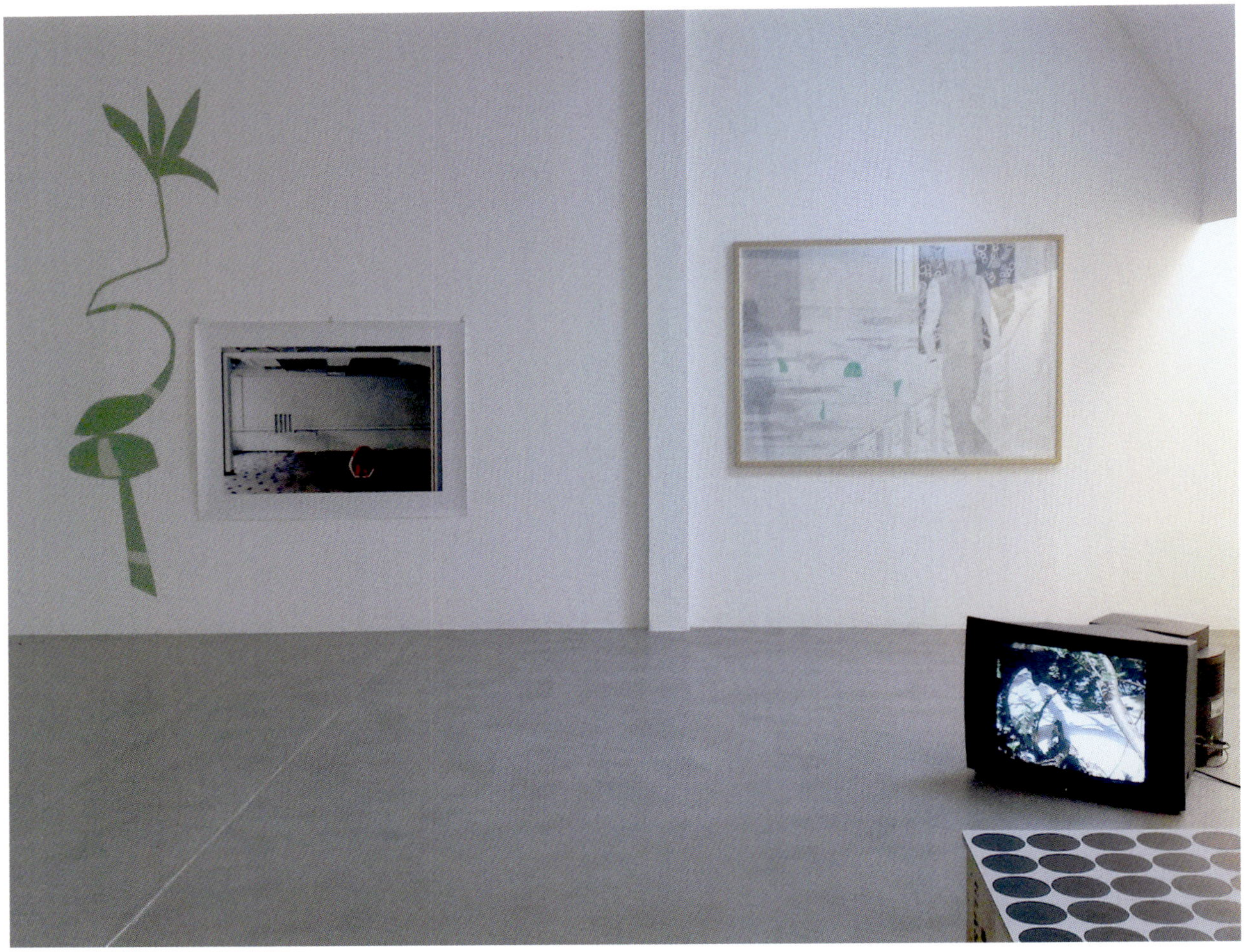

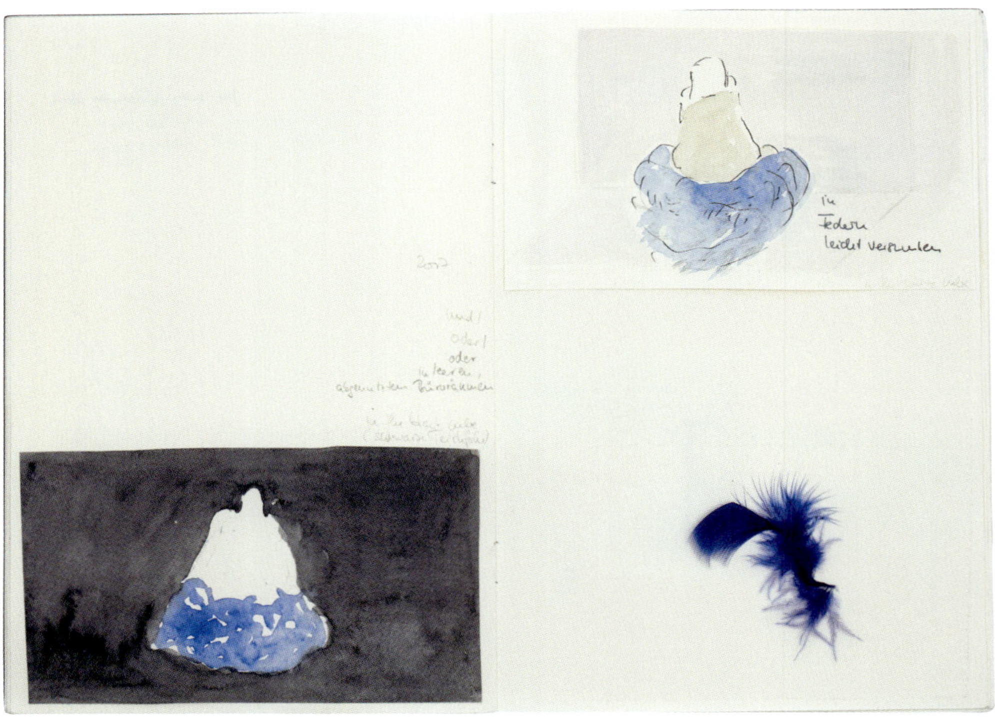

Here and There, in my Mind and Body, 2011, Galerie Vayhinger, Radolfzell

Ein Federnstrang landet auf dem Boden. Einzelne Federn fliegen. Federleicht, beständig im Flug begriffen. Von hier nach dort. Im Video nimmt die Künstlerin den Strang auf, bewegt sich fort. Durch Außenräume, Innenräume, einen bekannten Kulturraum, einen anderen Kulturraum. In diesem performativen Video erleben wir durch sie.
Eine Wandmalerei verbindet das Innen des Videos mit dem Außen des Ausstellungsraums. Ein Bambus? Fremd vertraut. In der Rauminstallation liegt ein exaktes Raster wie ein Ordnungsversprechen auf einer rauen Palette. Die Gegensätze versöhnen sich. Hier und dort.

A threaded cluster of feathers lands on the ground. Single feathers float airily. Featherlight, in constant motion, from here to there. In the video, the artist takes up the cluster and moves on by way of crossing thresholds to further familiar interior quarters before venturing outdoors. In this video performance she allows us to participate in her experience.
A corresponding wall painting connects the footage with the exhibition: a rendering of bamboo? Curiously familiar. In the installation, an exact grid on a rough palette belies the promise of order. The opposites are reconciled. Albeit, here and there.

Vivien Sigmund, Kunsthistorkerin | *art historian,* Stuttgart

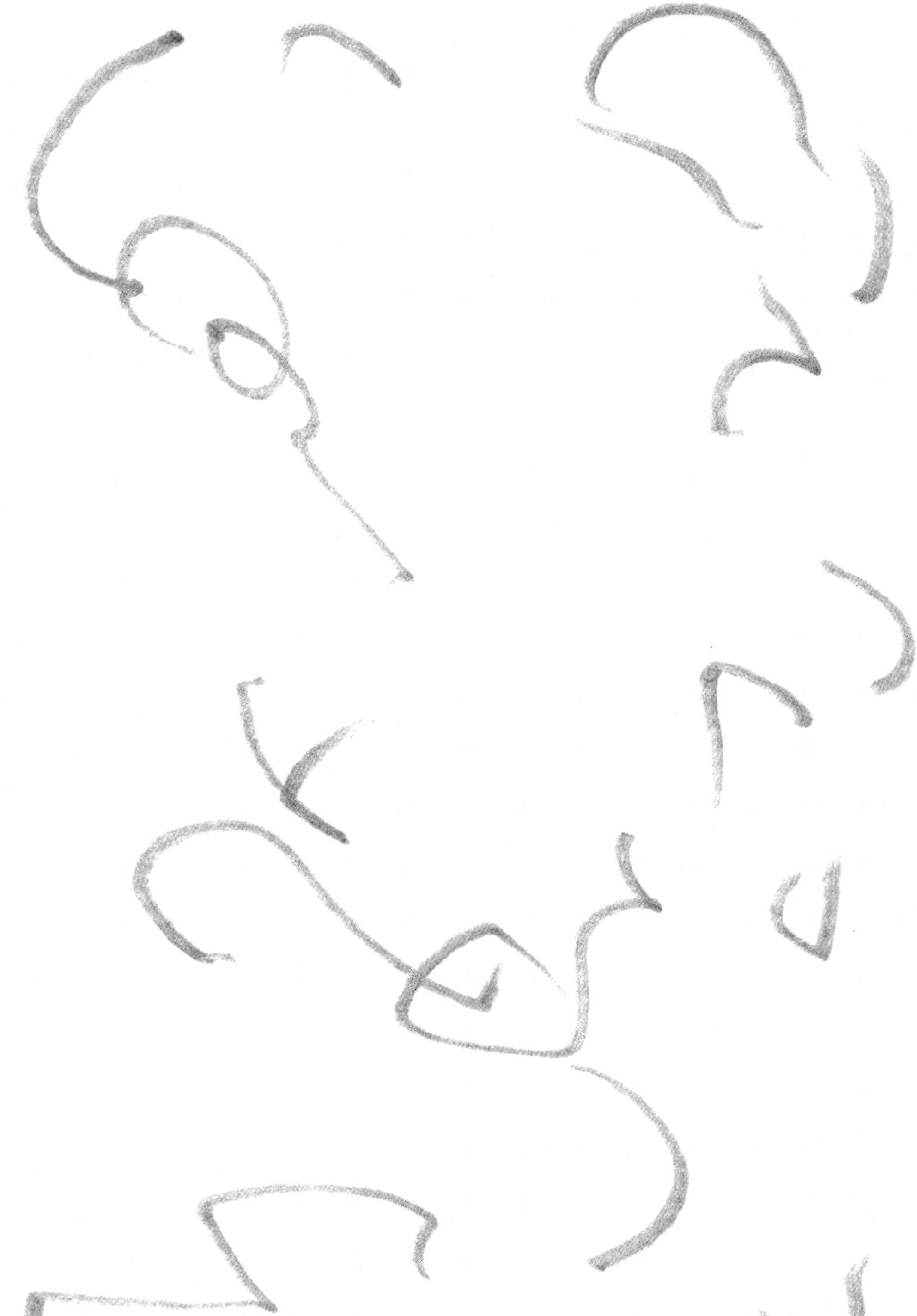

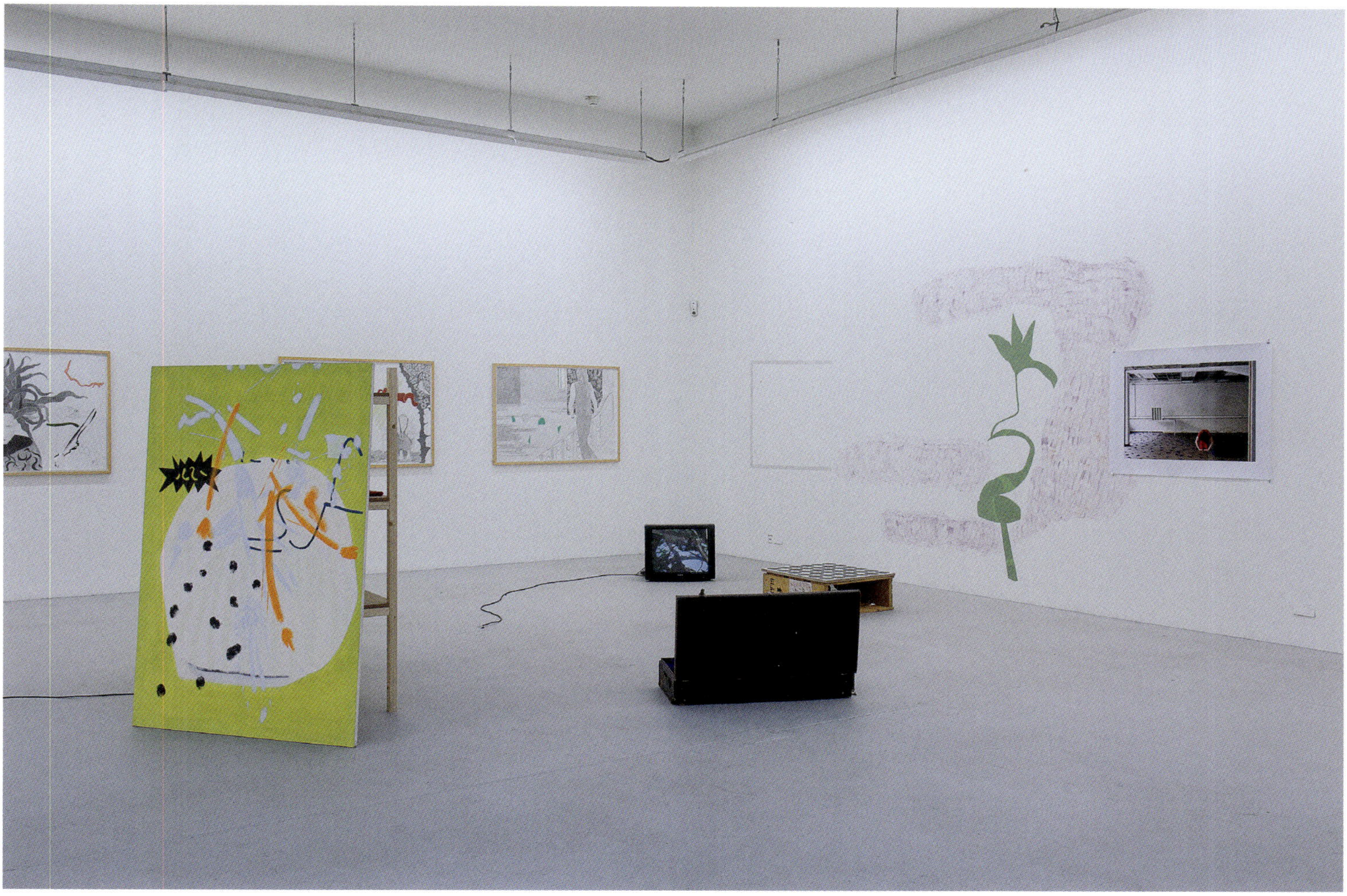

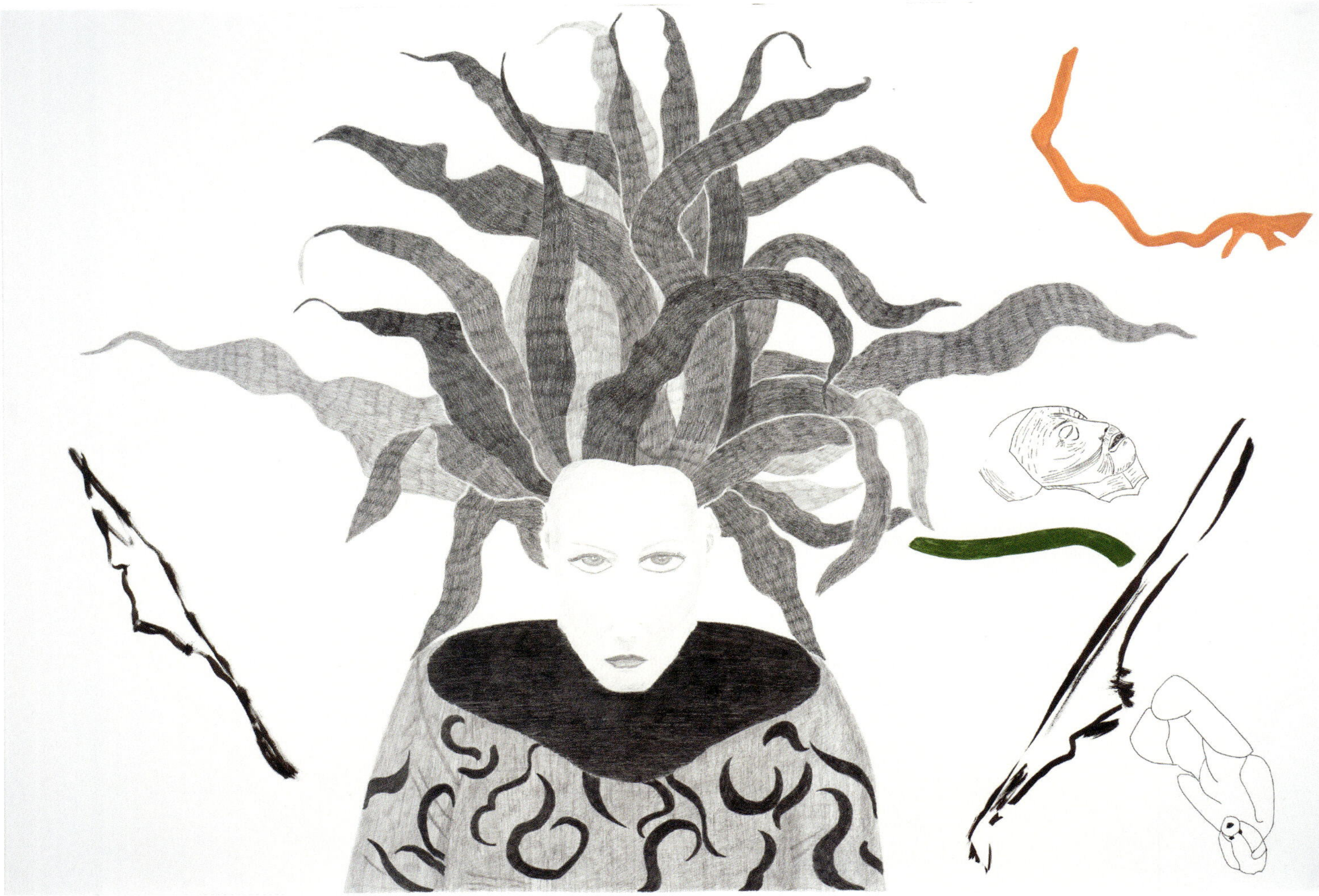

Ohne Titel | *Untitled,* 2009

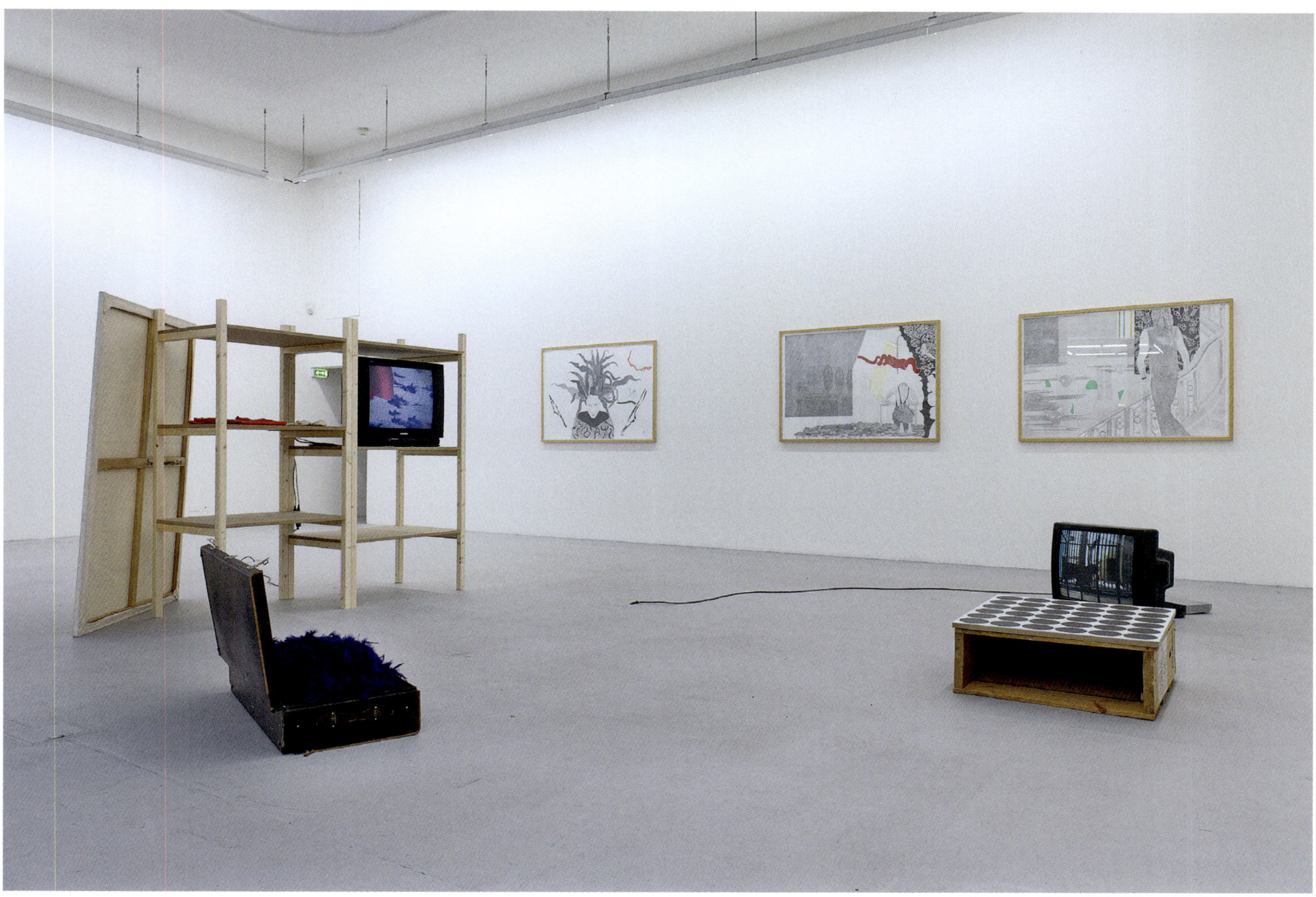

Ohne Titel | *Untitled*, 2010

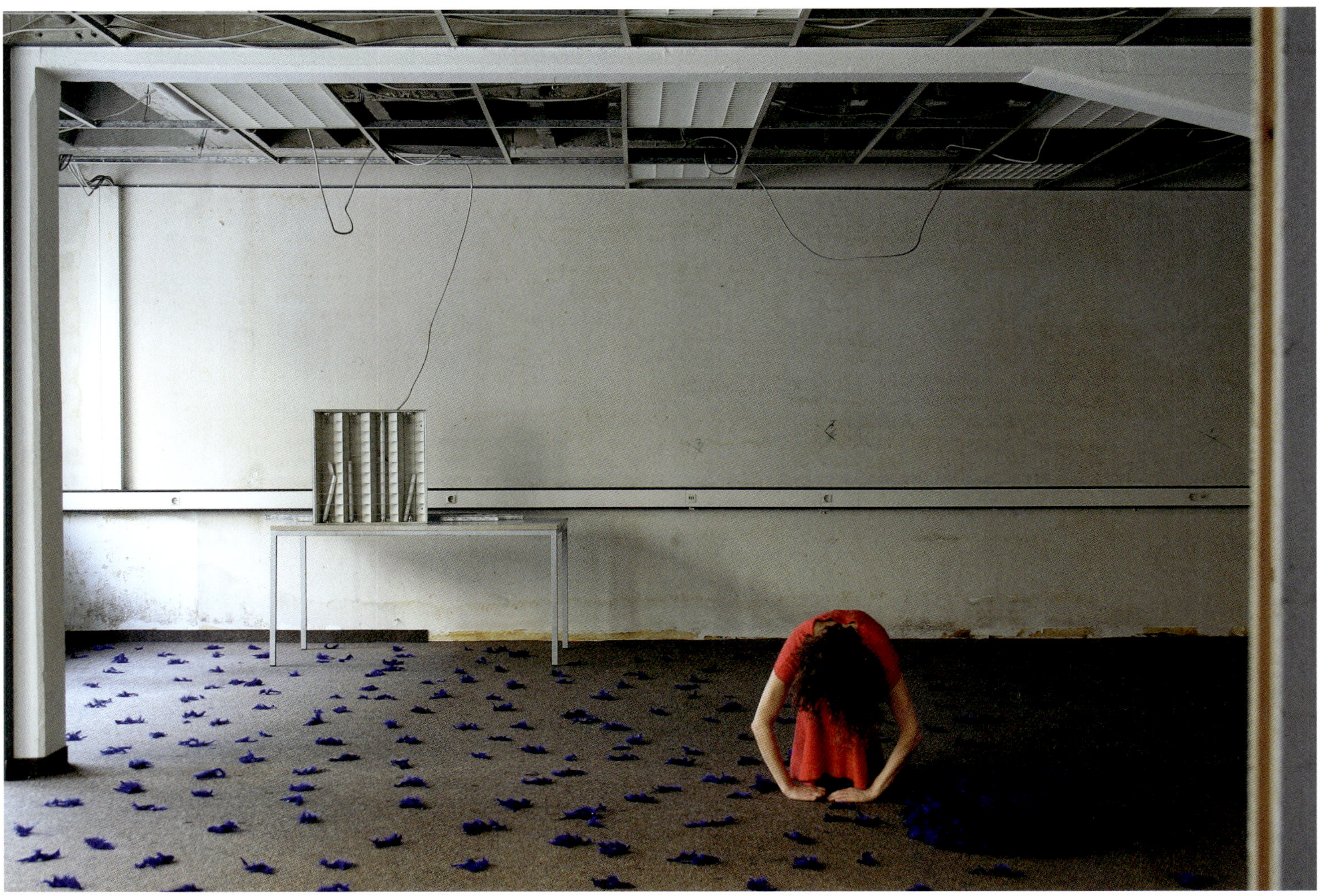

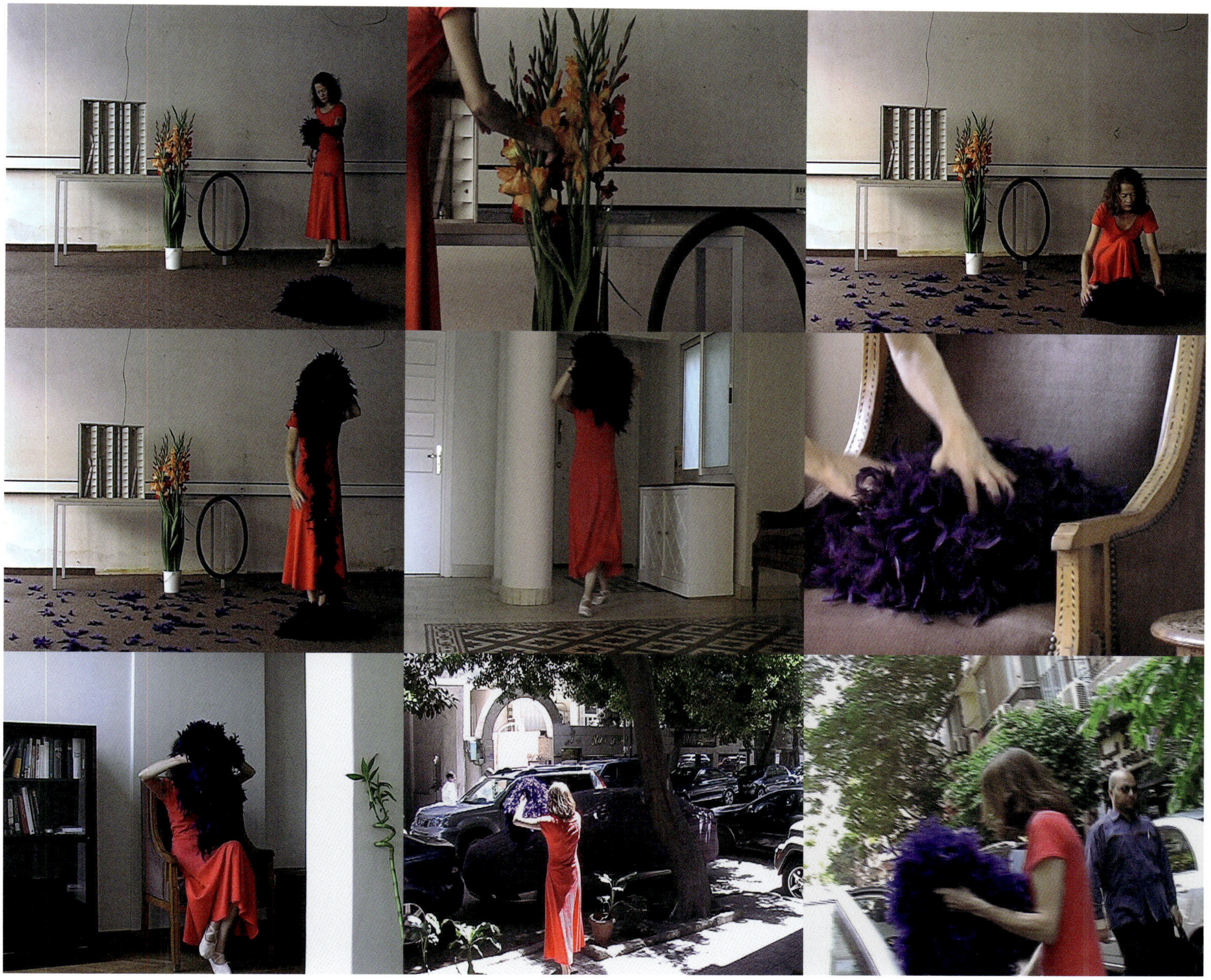

À Demain | *See You Tomorrow*, 2010

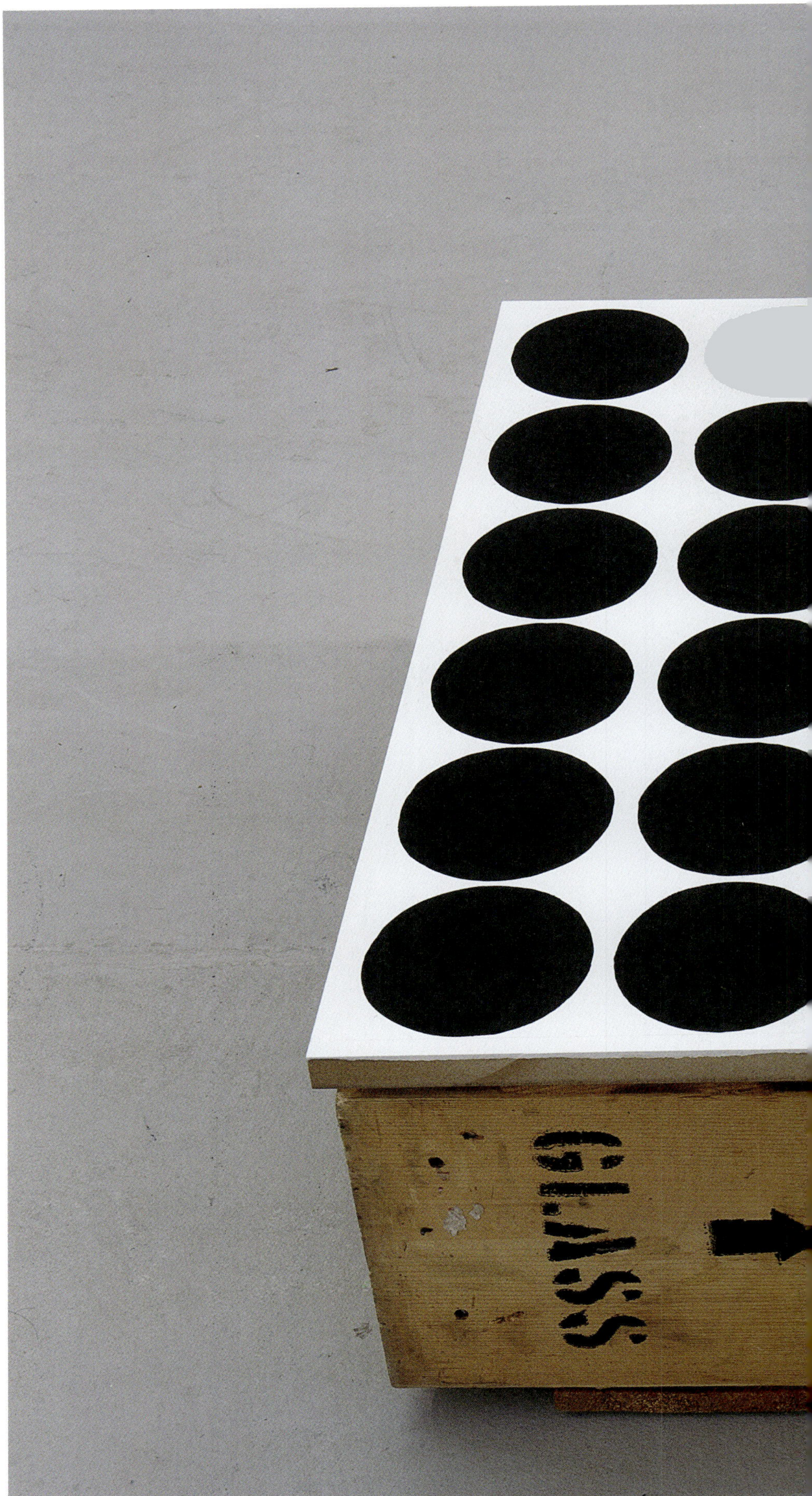
GLASS

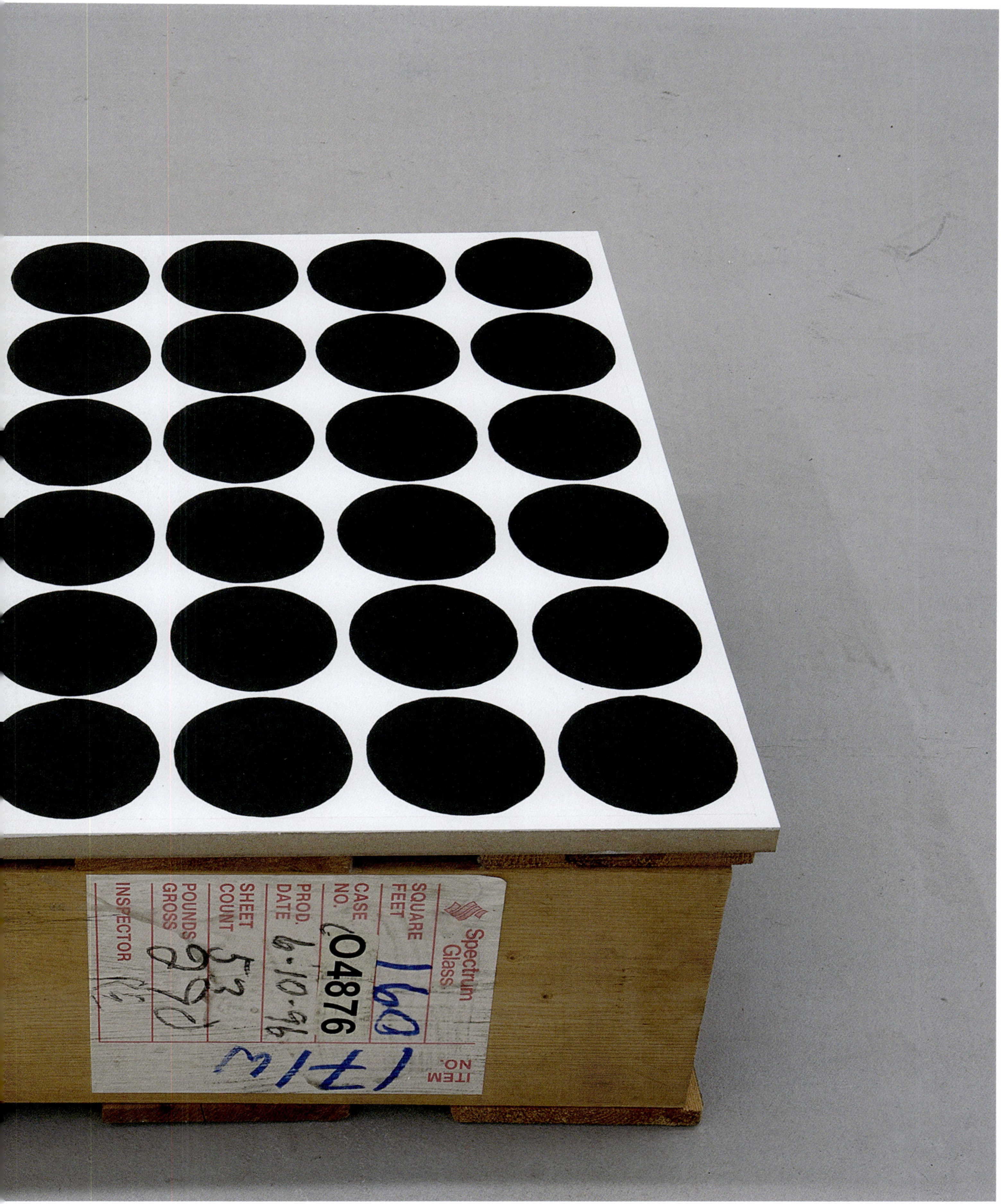
Spectrum Glass
SQUARE FEET
CASE NO.
PROD. DATE
SHEET COUNT
POUNDS GROSS
INSPECTOR
ITEM NO.
04876

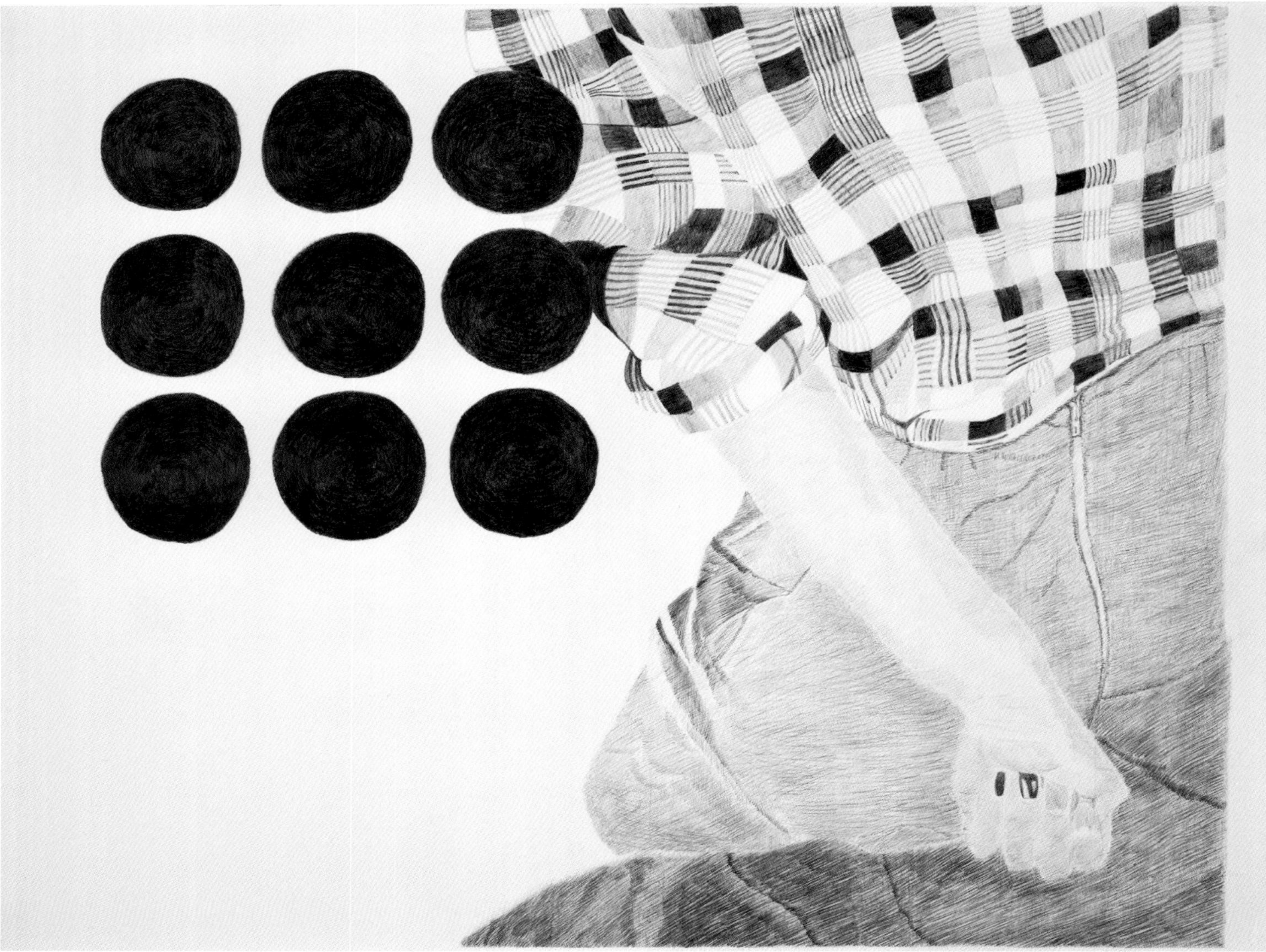

Ohne Titel | *Untitled*, 2010

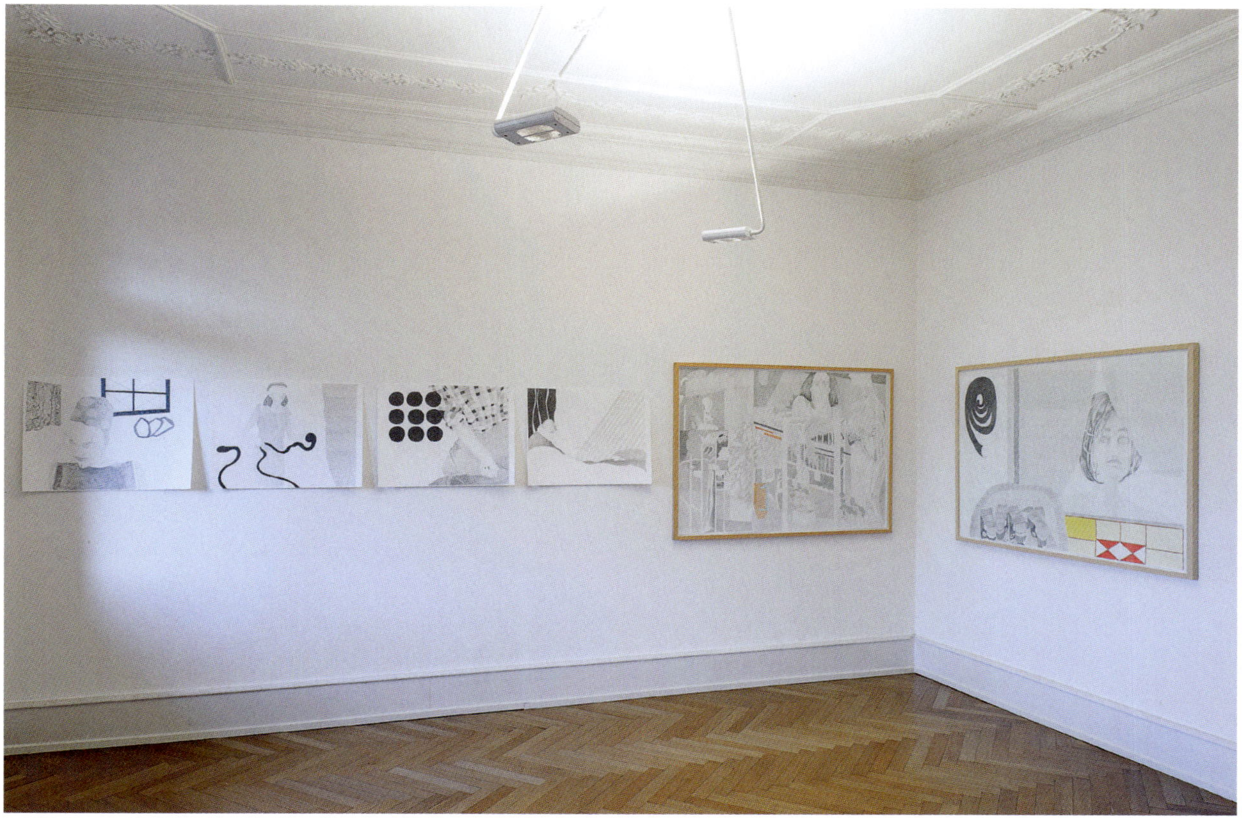

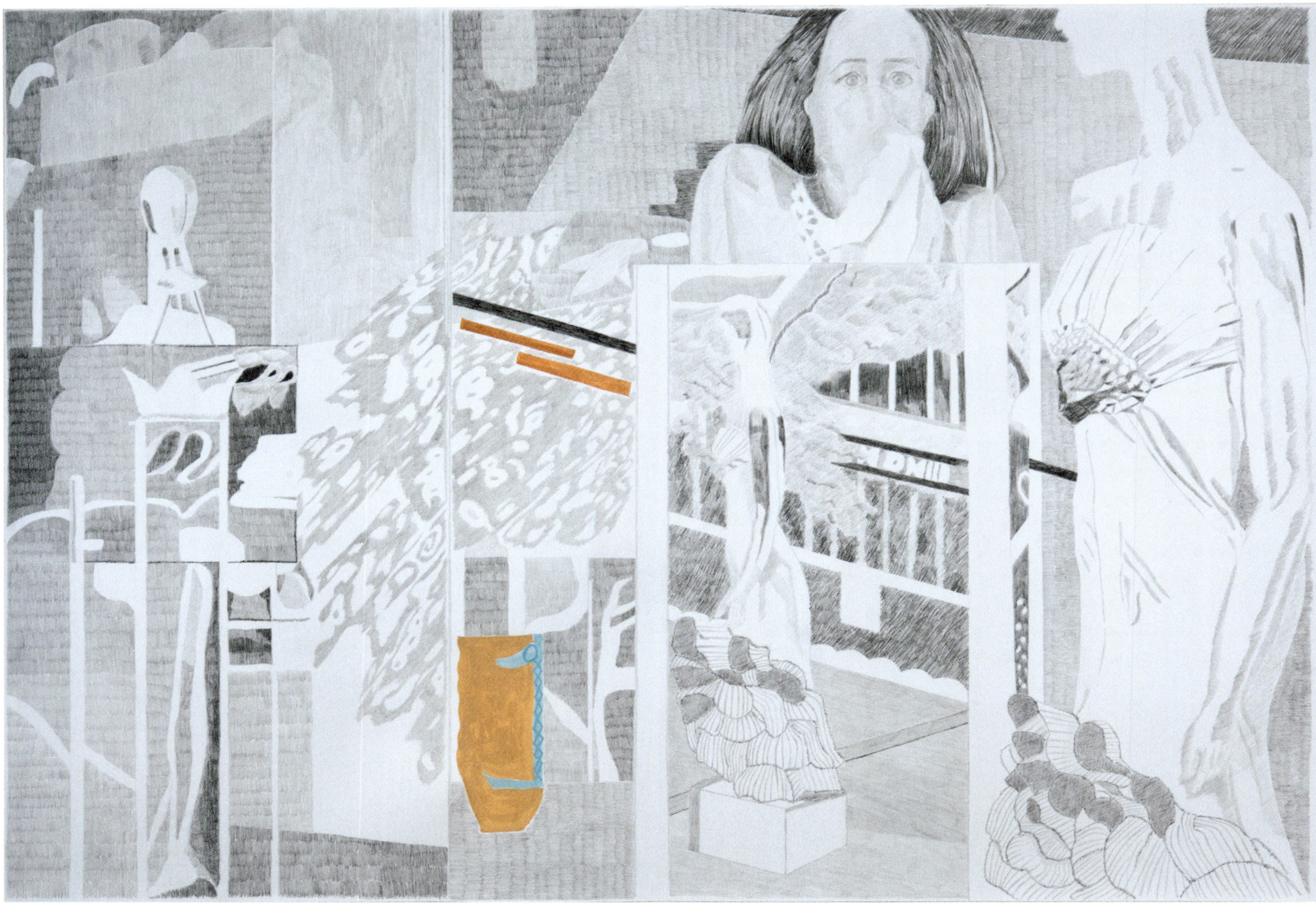

Mir geht es gut | *I'm Fine,* 2010

Hey! the birds are coming back.

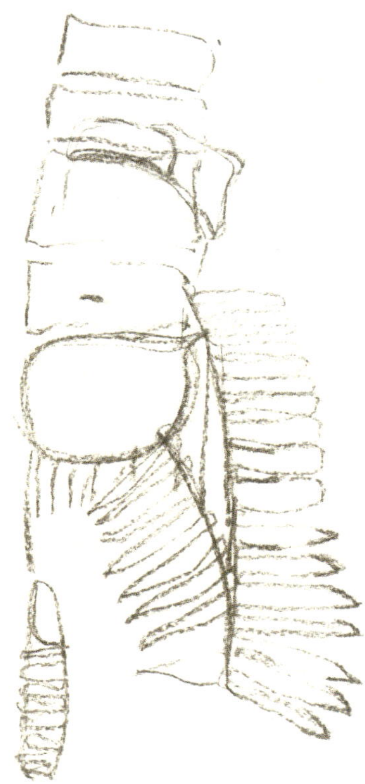

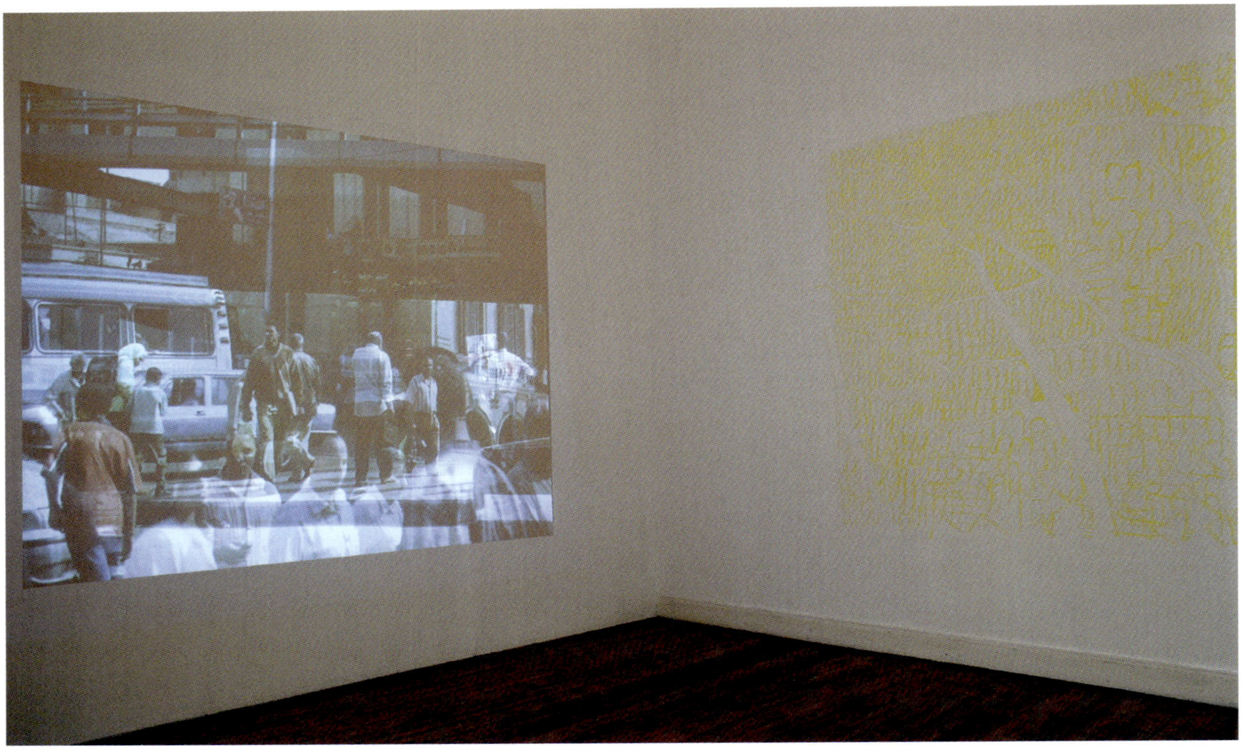

Cairo: Sound Constructions, 2008, Townhouse Gallery, Cairo

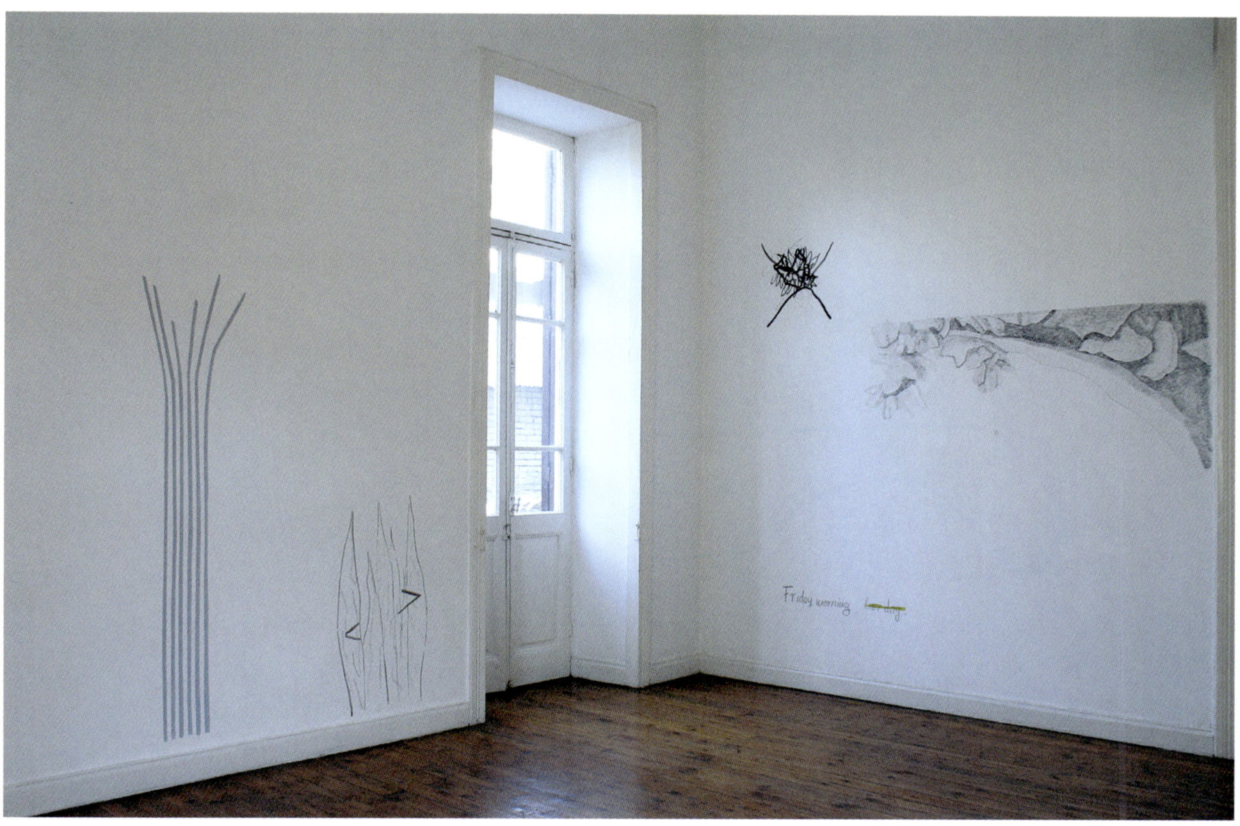

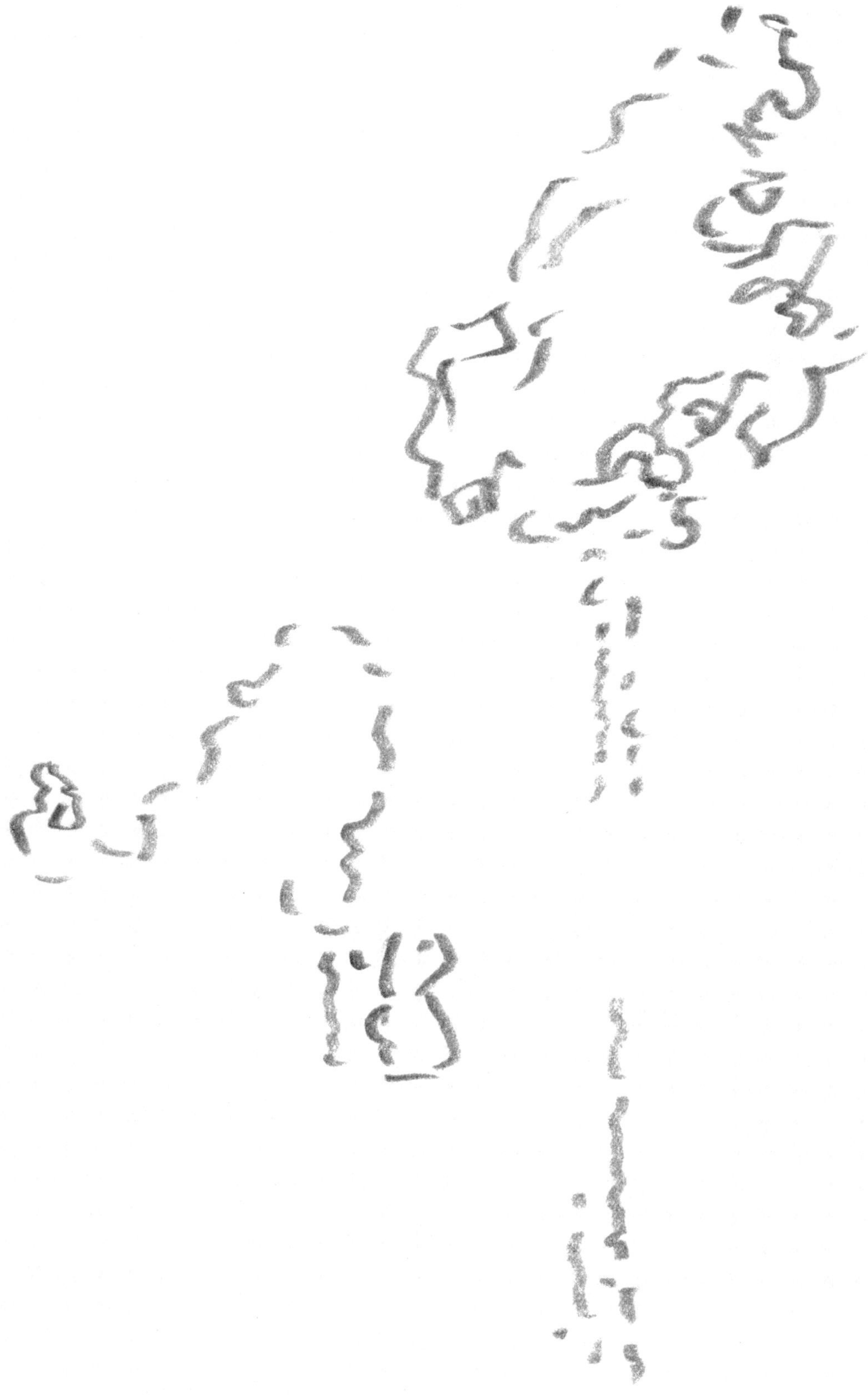

Zwischenzeilen | *Intermediate Lines,* 2003, Staatliche Akademie der Bildenden Künste Stuttgart | *State Academy of Fine Arts Stuttgart*

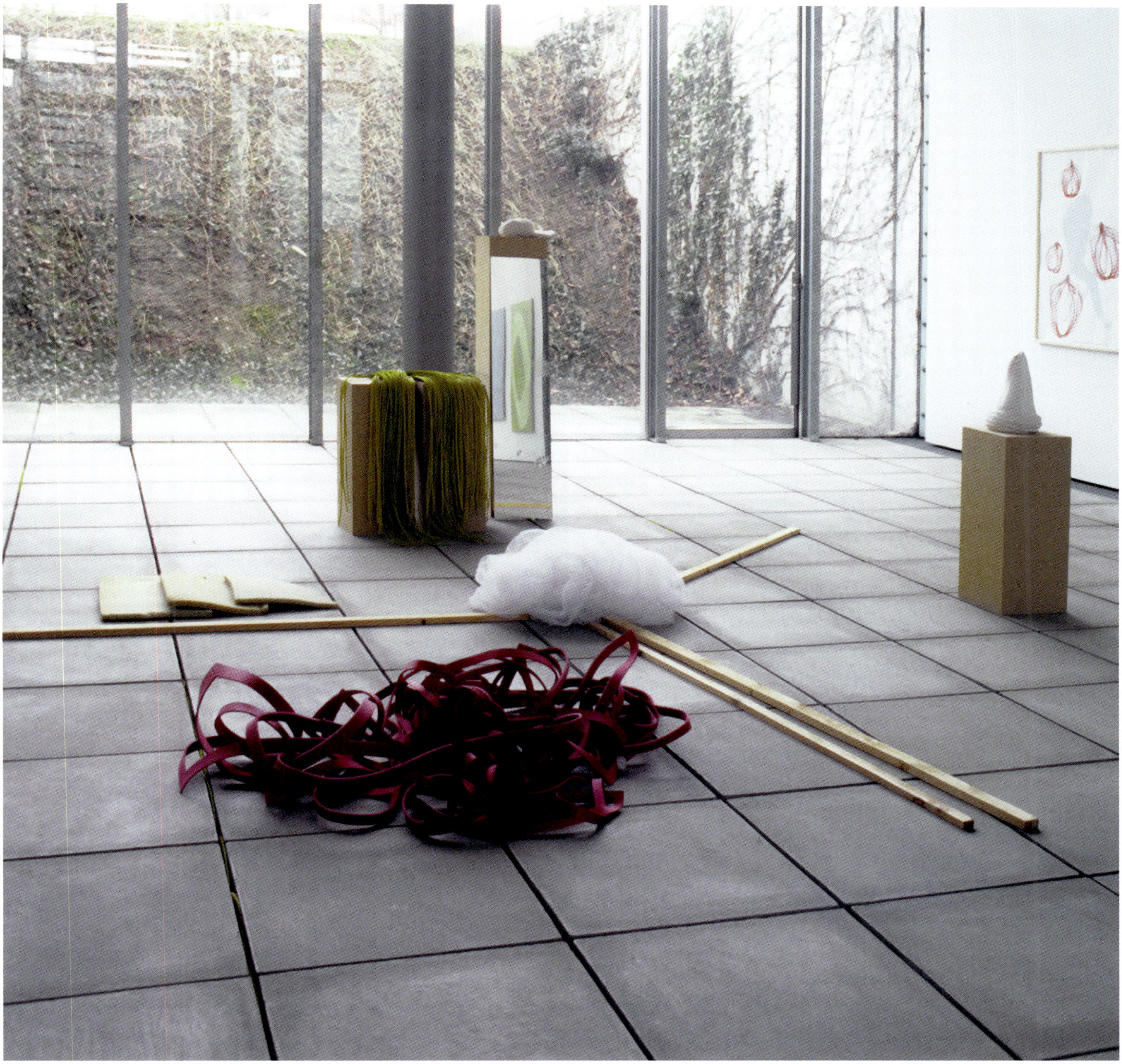

Knoten, Verknüpfungen von Linien verdichten sich zu dreidimensionalen Gebilden, zu Skulpturen, zu Installationen. Gesellschaftliche, kulturelle und soziale Strukturen gewinnen in dieser Verdichtung poetische Gestalt. Nie wird direkt darauf angesprochen, keine begriffliche Resonanz angestrebt, und doch wird beispielsweise die heutige Lebenssituation der Künstlerin zwischen Stuttgart und Kairo darin eingefangen, die Luftströme, die Windbewegungen, die vielen Sprachen und Laute, im Dazwischen der künstlerischen Sprache finden sie ihren Widerhall. Die sinnliche Erfahrung wird seismographisch in Photos festgehalten, in Skulpturen, in Zeichnungen, der eigene Körper ebenfalls miteinbezogen, sehr radikal und direkt sich einer Vorstellung unterordnend, die besticht durch Klarheit und Einfachheit.

Knots and linked lines coagulate into three-dimensional objects, into sculptures, into photographs. Societal, cultural and social structures gain poetic arrangements in this coagulation. It is never mentioned directly, no tangible resonance is sought but indeed, for example, today's situation for the artist between Stuttgart and Cairo is contained therein; the air streams, the wind's movements, the many languages and sounds, and somewhere in the midst of all this, the artistic language finds its reverberation. Sensory experience is captured in seismological terms, the individual body of the artist equally included, very radically, and directly sub-classified to a particular concept which impresses with its clarity and simplicity.

Marianne Eigenheer Ausschnitt aus der Einführung im Katalog „Barbara Armbruster 2003", „Spider Woman, ihre unendliche Geduld, das WWW und das Liniengeflecht von Kunst: God is a DJ", Basel 3.11.2002 | *Marianne Eigenheer, excerpt of the introduction in the catalogue "Barbara Armbruster 2003", "Spider Woman, Her Infinite Patience, the WWW and the Meshing of the Lines of Art, God is a DJ", Basel 3.11.2002*
Englische Übersetzung | *English translation:* John Jeffrey Collier

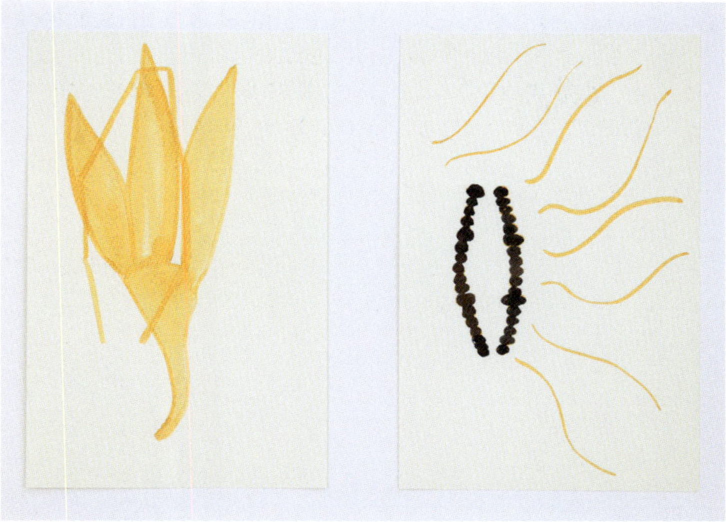

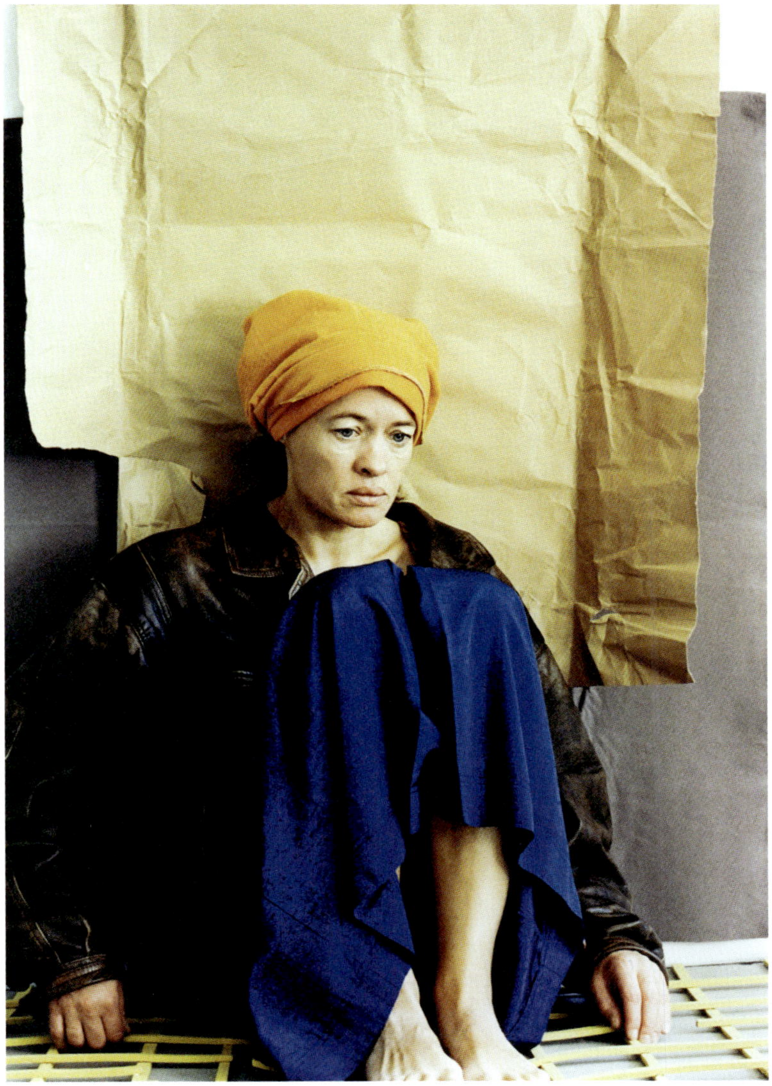

Fragile Net, 2002

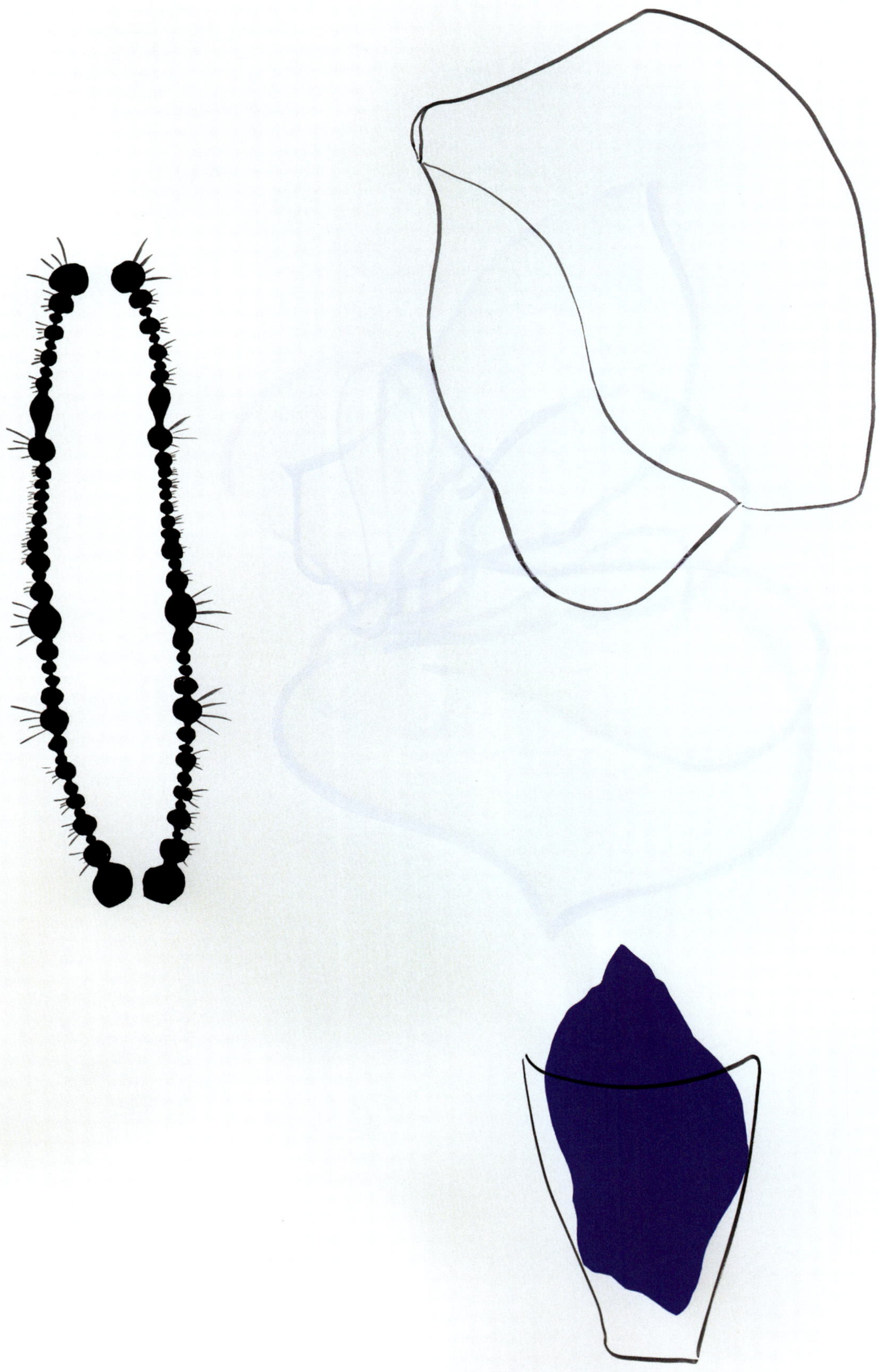

Ohne Titel | *Untitled*, 2002

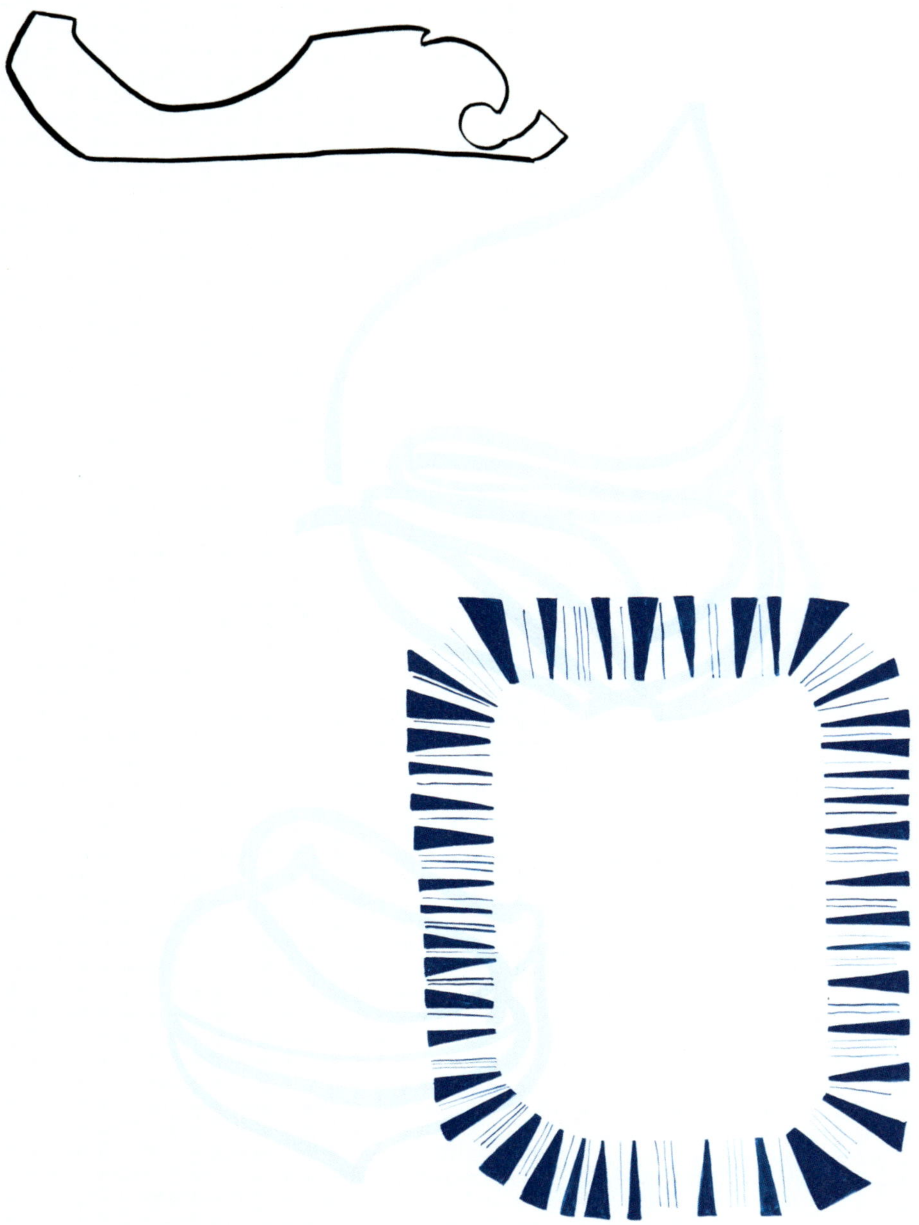

Ohne Titel | *Untitled,* 2002

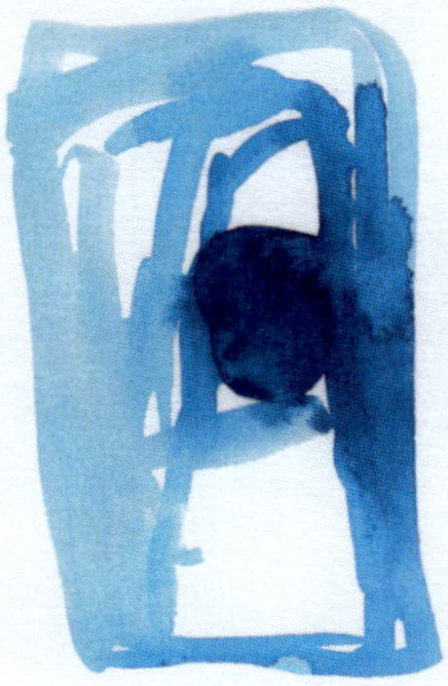

Barbara Armbruster hat von Anbeginn ihre Arbeit in einen interkulturellen Dialog gestellt. Dabei nimmt sie mit ihren künstlerischen Mitteln – der Linie, der Fotografie, der Installation – häufig die Rolle der Frau in den Fokus. Nie überwiegt das Gefühl der Fremdheit; die Künstlerin sieht sich immer als Teil des jeweiligen Kulturkreises, der ihre aktive Teilhabe einfordert.

Barbara Armbruster has placed her work in an intercultural dialogue from the very beginning. Her artistic means – line, photography, installation – often focus on the role of women. The feeling of foreignness never prevails; the artist always sees herself as part of the respective cultural circle that demands her active participation.

Eva-Marina Froitzheim, Kuratorin | *Curator,* Kunstmuseum Stuttgart

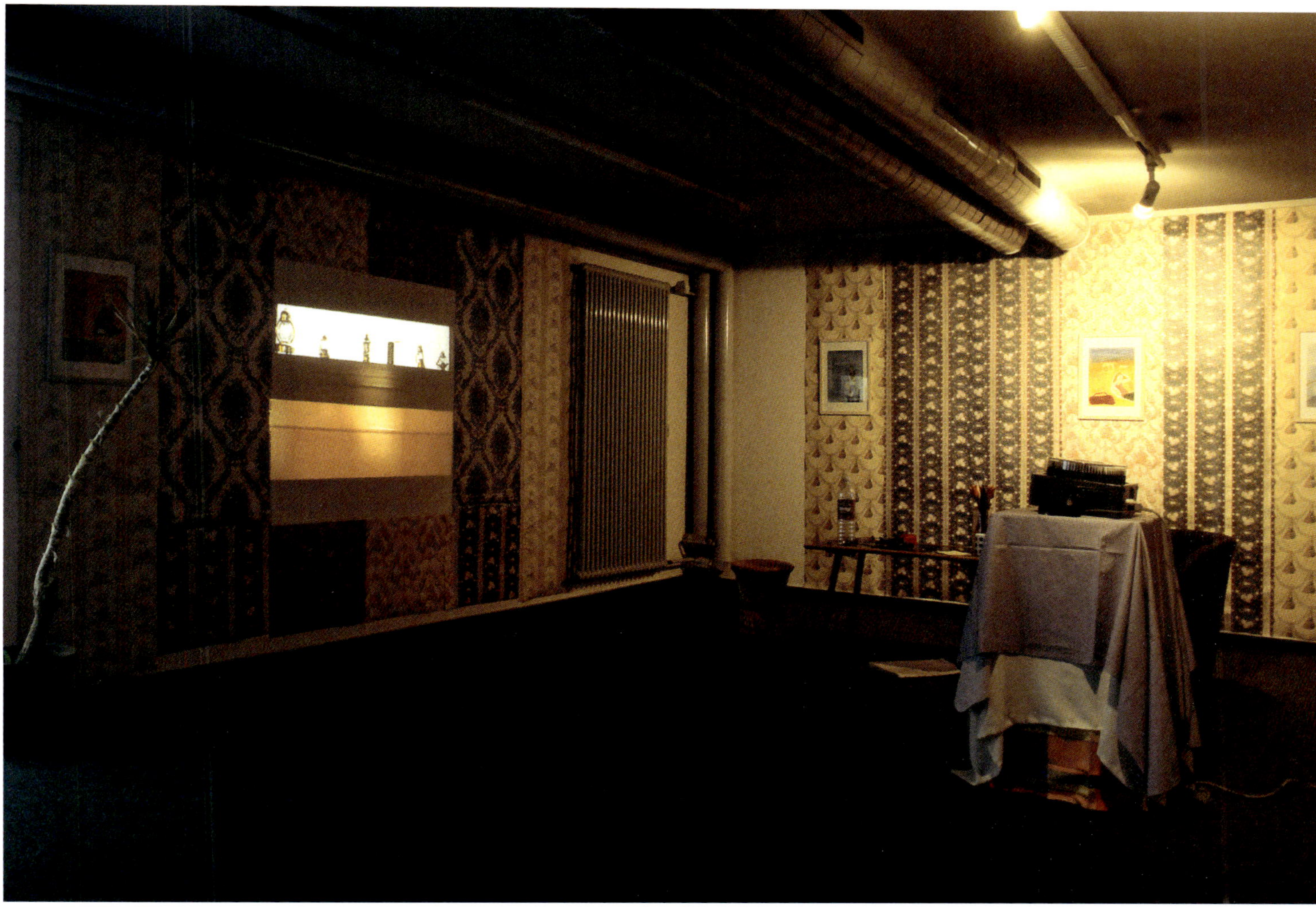

Heimat | *Homeland,* 2003, Galerie contact, Städtische Galerie Böblingen

Bildlegenden | Image Index

05 Wundersame Begegnung | *Wondrous Encounter*, 2019, Öl auf Leinwand | *oil on canvas*, 200 × 140 cm
06 Farbproben | *Colour Sample*
07 Ohne Titel | *Untitled,* 2019, Öl auf Leinwand | *oil on canvas,* 65 × 65 cm
09 Wandel des Verborgenen | *Transformation of the Unknown,* 2019, Acryl auf MDF-Platte | *acrylic on MDF Board,* 90 × 140 cm
10 Blue Sky, 2018, Öl auf Leinwand | *oil on canvas,* 60 × 60 cm
11 Soziale Akteure | *Social Players,* 2019, Farbstift auf Papier | *coloured pencil on paper,* 33,2 × 23,5 cm
13 Sphinx hinter Palmzweigen | *Sphinx behind Palm Branches,* 2019, Bleistift auf Büttenpapier | *pencil on handmade paper,* 98 × 140 cm
14 Hängende Gärten | *Hanging Gardens,* 2019, Tusche, Buntstift auf Büttenpapier | *ink, coloured pencil on handmade paper,* 51 × 35,5 cm
15 Crossing, Sein, Auf und Ab, Endlos, Verbund, Im Zwischen | *Crossing, Being, Ups and Downs, Endless, Union, In-between* 2018, 30,5 × 23 cm, von links oben nach rechts unten | *from top left to bottom right*
18 Grün. Licht. Raum. | *Green. Light. Space*, 2018, Verschiedene Materialien | *mixed media,* Städtisches Museum Engen + Galerie, Engen
21 Kollos mit Mammutblatt beflügelt | *Colossus with Mammoth Leaf – Inspired,* 2018, Bleistift auf Büttenpapier | *pencil on handmade paper,* 190 × 140 cm
22 Grün. Licht. Raum. | *Green. Light. Space.*, 2018, Verschiedene Materialien | *mixed media*
23 Baumkonstruktion, befreite Linie unter schwebendem Ornament | *Tree Construction, a Freed Line below a Floating Ornament,* 2018, Bleistift auf Büttenpapier | *pencil on handmade paper,* 100 × 140 cm
24 Nofretete, Nilgras und alte Kiefer | *Nefertiti, Nile Grass and Old Pine,* 2018, Bleistift auf Büttenpapier | *pencil on handmade paper,* 98 × 140 cm
26 Ohne Titel | *Untitled,* 2017, Bleistift auf Büttenpapier | *pencil on handmade paper,* 56 × 76 cm
Ohne Titel | *Untitled,* 2017, Bleistift auf Büttenpapier | *pencil on handmade paper,* 56 × 76 cm
27 Licht im Grün | *Green Haze,* 2015, Gouache, Tusche auf Papier | *gouache, ink on paper,* 152 × 199,5 cm
30 Through My Eyes, 2018, Ausstellungsansicht | *exhibition view,* Galerie G – Dr. Gudrun Selz, Freiburg, Ohne Titel | *Untitled,* Acryl auf MDF-Platte | *acrylic on MDF Board,* 90 × 140 cm
31 Ohne Titel | *Untitled,* 2018, Tusche, Acryl auf grundiertem Holzkörper | *ink, acrylic on primed wooden box,* 20 × 30 cm
33 Ohne Titel | *Untitled,* 2018, Öl auf Leinwand | *oil on canvas,* 40 × 40 cm
34 Ohne Titel | *Untitled,* 2018, Öl auf Leinwand | *oil on canvas,* 90 × 120 cm
36 Ohne Titel | *Untitled,* 2011/2015, Farbfotografie | *colour photograph,* 60 × 90 cm
38 Ohne Titel | *Untitled,* 2011/2015, Farbfotografie | *colour photograph,* 40 × 60 cm
39 My Cairo | *My Cairo,* 2015, Installationsansicht | *installation view,* Literaturhaus Stuttgart
40 Ohne Titel | *Untitled,* 2000, Gouache auf Papier | *gouache on paper,* 47,8 × 34,2 cm
41 Ohne Titel (Colour Sample no. 2) | *Untitled (Colour Sample no. 2),* 2015, Öl auf Leinwand | *oil on canvas,* 60 × 60 cm
42 Ohne Titel (Colour Sample no. 3) | *Untitled (Colour Sample no. 3),* 2015, Öl auf Leinwand | *oil on canvas,* 60 × 60 cm
43 de-re-constructions | *De-Re-constructions,* 2015, Installationsansicht | *installation view,* Galerie Vayhinger, Singen
44/45 Ohne Titel | *Untitled,* 2012/2015 Gayer-Anderson Museum II, Farbfotografie | *colour photograph* , 40 × 60 cm
48 Ohne Titel | *Untitled,* 2012/2015, Farbfotografie | *colour photograph,* 70 × 105 cm
49 Ohne Titel | *Untitled,* 2012/2015, Farbfotografie | *colour photograph,* 50 × 70 cm
50/51 de-re-constructions II | *De-Re-constructions II,* 2015, Installationsansicht | *installation view,* Württembergischer Kunstverein Stuttgart
53 Ohne Titel | *Untitled*, 2012/2015, Farbfotografie | *colour photograph,* 70 × 105 cm
55 Ohne Titel | *Untitled,* 2014, Acryl, Tusche auf Leinwand | *acrylic, ink on canvas,* 70 × 80 cm
56 Magnombax #4, 2015, Acryl, Bleistift auf Büttenpaper | *acrylic, pencil on handmade paper*, 56 × 76 cm
57 Magnombax #6, 2015, Acryl, Bleistift auf Büttenpaper | *acrylic, pencil on handmade paper,* 56 × 76 cm
58 Morgen schlägt sie den Staub wieder | *Tomorrow She'll Beat the Dust Again,* 2012, Video 3:35 min.
59 bündeln. einordnen. | *Bundling. Arranging.*, 2015, Kunstraum Vincke-Liepmann, Heidelberg
61 Flora. Flora, 2013, Installationsansicht | *installation view,* Galerie Manfred Rieker, Heilbronn
64 The Green, the Street and the Scent of Life, 2011, Ausstellungsansicht | *exhibition view,* Safar Khan Gallery, Cairo
65 Ohne Titel | *Untitled,* 2010, Bleistift, Gouache, Tusche auf Papier | *pencil, gouache, ink on paper, 100 × 150 cm*

66 Green #65, 2010, Farbotografie | *colour photograph,* 60 × 90 cm
67 Ohne Titel | *Untitled,* 2010, Bleistift, Tusche auf Büttenpaper | *pencil, ink on handmade paper,* 56 × 76 cm
69 Granat. Drei | *Garnet. Three,* 2013, Öl auf Leinwand | *oil on canvas,* 70 × 80 cm
70 Zwischen Licht, Lärm und Stille. | *Between Light, Noise and Silence.,* 2013, Ausstellungsansicht | *exhibition view,* Galerie G – Dr. Gudrun Selz, Freiburg
72 Ohne Titel | *Untitled,* 2010, Öl auf Leinwand | *oil on canvas,* 80 × 120 cm
74 Here and There, in my Mind and Body, 2011, Installationsansicht | *installation view,* Galerie Vayhinger, Radolfzell
Skizzenbuch 2007 | *Sketchbook,* 29,7 × 44,5 cm
77 Inside Outside, 2010, Installationsansicht | *installation view,* (Das soll Kunst sein | *This is Supposed to be Art*), Kunstverein Freiburg
78 Ohne Titel | *Untitled,* 2009, Bleistift, Gouache, Tusche auf Papier | *pencil, gouache, ink on paper,* 100 × 150 cm
79 Inside Outside, 2010, Installationsansicht | *installation view,* Kunstverein Freiburg
80 Ohne Titel | *Untitled,* 2010, Farbfotografie | *colour photograph,* 70 × 105 cm
81 À Demain | *See You Tomorrow,* 2010, Video 11:22 min
82/83 2010, Tusche auf grundierter MDF-Platte auf Palette | *ink on primed MDF Board on pallet,* 75,5 × 81 × 28,7 cm
84 Ohne Titel | *Untitled,* 2010, Bleistift auf Büttenpapier | *pencil on handmade paper,* 56 × 76 cm
85 Outside In, 2010, Installationsansicht | *installation view,* Galerie G – Dr. Gudrun Selz, Freiburg
86 Mir geht es gut | *I'm Fine,* 2010, Bleistift, Gouache auf Papier | *pencil, gouache on paper,* 100 × 150 cm
87 Ohne Titel I *Untitled*, 1999, Kohle auf Papier | *charcoal on paper,* 48,9 × 35,5 cm
88 Cairo: Sound Constructions, 2008,
Hey, the Birds are Coming Back, 2008, Video 6:44 min, Wandmalerei | *Wallpainting,* Townhouse Gallery, Cairo
89 Cairo: Sound Constructions, 2008, Wallpainting
91 Zwischenzeilen | *Intermediate Lines,* 2003, Installationsansicht | *installation view,* Staatliche Akademie der Bildenden Künste Stuttgart | *State Academy of Fine Arts Stuttgart*
93 Skizzenbuch | *scetchbook*, 2003, Gouache auf Papier | *gouache on paper*, 29,7 × 42 cm
Fragile Net, 2002, Farbfotografie | *colour photograph,* 70 × 50 cm
95 Ohne Titel | *Untitled,* 2002, Aquarell, Gouache auf Papier | *watercolour, gouache on paper,* 120 × 80 cm
96 Ohne Titel | *Untitled,* 2002, Aquarell, Gouache auf Papier | *watercolour, gouache on paper,* 120 × 80 cm
97 Ohne Titel | *Untitled,* 1999, Gouache auf Papier | *gouache on paper,* 33,7 × 24 cm
99 Heimat I *Homeland,* 2003, Installationsansicht | *installation view,* Diaprojektion mit Rotunde, ägyptische Tapeten Aquarelle, verschiedenen Materialien | *Carousel slide projection, Egyptian wallpapers, watercolours, various materials,* Galerie contact, Städtische Galerie Böblingen

Lebenslauf

	geboren in Bad Waldsee
1994 – 99	Studium der Freien Grafik an der Staatlichen Akademie der Bildenden Künste Stuttgart, Prof. Rudolf Schoofs, Prof. Marianne Eigenheer
1999 – 01	Aufbaustudium bei Prof. Marianne Eigenheer (Gleichbedeutend dem Meistertitel)
2003	Debütanten Stipendium, Ausstellung und Katalog, gefördert vom Ministerium für Wissenschaft, Forschung und Kunst Baden-Württemberg
2006	Lehrauftrag an der Staatlichen Akademie der Bildenden Künste Stuttgart
1999 – 2005/ 2010 – 2012	Kairo und Stuttgart
Seit 2013	Stuttgart
	Mitglied im Künstlerbund Baden-Württemberg

Einzelausstellungen/Auswahl

2020	Galerie Marianne Grob, Basel
2019	Wundersame Begegnung, Galerie Vayhinger, Singen
2018	Grün. Licht. Raum. Städtisches Museum Engen + Galerie, Engen, Engen (mit Julia Kernbach)
	Through My Eyes, Galerie G – Dr. Gudrun Selz, Freiburg
2015	bündeln. einordnen., Kunstraum Vincke-Liepmann, Heidelberg
	de-re-constructions II, Württembergischer Kunstverein Stuttgart (mit Hala Elkoussy)
	de-re-constructions I, Galerie Vayhinger, Singen (mit H. E.)
	My Cairo, Literaturhaus Stuttgart (mit H. E.)
	Goethe Institut Kairo (mit H. E.)
2013	Zwischen Licht, Lärm und Stille., Galerie G - Dr. Gudrun Selz, Freiburg
2012	Portraits einer Zeit, Kunstverein Hechingen
2011	The Green, the Street and the Scent of Life, Safar Khan Galerie, Kairo
	Here and There, in my Mind and Body, Galerie Vayhinger, Radolfzell-Moeggingen
2010	Outside In, Galerie G - Dr. Gudrun Selz, Freiburg
2009	BlattWerk, Galerie Manfred Rieker, Heilbronn (mit Peter Riek)
2008	Städtische Galerie im Kornhaus, Kirchheim unter Teck
2006	In Fremden Gärten, Galerie G – Dr. Gudrun Selz
	8. November, Stuttgart Hauptbahnhof, Turmgalerie Hospitalhof Stuttgart
2005	Formungen, TTR Technologieparks Tübingen-Reutlingen GmbH, Reutlingen
2004	Women within Space, Townhouse Galerie, Kairo (mit Hadeel Nazmy)
2004	Signs. Zeichen, Akademie Franz Hitze Haus, Münster
2003	Zwischenzeilen, Staatliche Akademie der Bildenden Künste Stuttgart
	Wo ist Heimat? Galerie contact, Städtische Galerie Böblingen (mit Sumiko Shoji)
2002	Safar Khan Galerie, Kairo

Gruppenausstellungen (Auswahl)

2020	Neue Kunst im Alten Schloss, Landesmuseum Württemberg, Stuttgart
2018	Schwarzweiss XI, Galerie Marianne Grob, Basel
2013	Flora. Flora, Galerie Manfred Rieker, Heilbronn
2012	2/3-Dimensional, Galerie Manfred Rieker, Heilbronn
	Zinnober-Sommer, Künstlerhaus Stuttgart
2011	carte blanche. Kunstverein Offenburg Mittelbaden
	Le Caire-Mon Amour, Projektraum, Kairo
2010	Das soll Kunst sein, Kunstverein Freiburg
2008	Cairo: Sound Constructions, Townhouse Galerie, Kairo
2005	Outlaw, exhibition in Process, Art Villa Garikula, Tblissi, Georgien
2002	Schwarzweiss VII, Galerie Marianne Grob, Berlin

Bibliografie

Barbara Armbruster, Zeichnung, Fotografie, Malerei, Katalog zur Ausstellung, Hrsg. Staatliche Akademie der Bildenden Künste Stuttgart, 2002

Barbara Armbruster, Fotoarbeiten, Zeichnungen, Malerei, Katalog zur Ausstellung, Edition Hospitalhof Stuttgart 2006, Hrsg. Helmut A. Müller

Barbara Armbruster, Katalog zur Ausstellung, Safar Khan Galerie, Kairo, 2011

carte blanche, Der Künstlerbund Baden-Württemberg in Offenburg und Durbach, Hrsg. Künstlerbund Baden-Württemberg e.V. Stuttgart, 2011

Bilder über Bilder, Discourses in Art, Daimler Art Collection, Hrsg. Renate Wiehager für Daimler, Stuttgart, 2011

Mein Kairo My Cairo, Fotografien von Barbara Armbruster, Hala Elkoussy, Hrsg. Jörg Armbruster, Sulemann Taufik, edition esefeld & traub, Stuttgart, 2014

Bilder finden, Hrsg. TTR Technologieparks Tübingen-Reutlingen Gmbh, 2016

Idee Entwurf Konzept, Hrsg. Künstlerbund Baden-Württemberg e.V., Stuttgart, 2018

Curriculum Vitae

Born in Bad Waldsee
1994 – 99 Study in Fine Art at the State Academy of Fine Arts Stuttgart, Prof. Rudolf Schoofs, Prof. Marianne Eigenheer
1999 – 01 Postgraduate studies, Prof. Marianne Eigenheer (equivalent to Masters)
2003 Debutant scholarship, exhibition and catalogue, supported by the Ministry of Science, Research and Art Baden-Württemberg
2006 Lectureship at the State Academy of Fine Arts Stuttgart
1999 – 2005/
2010 – 2012 Cairo and Stuttgart
Since 2013 Stuttgart
Member of the Künstlerbund Baden-Württemberg

Solo exhibitions (selection)

2020 Galerie Mariannne Grob, Basel
2019 *Wondrous Encounters,* Galerie Vayhinger, Singen
2018 *Green. Light. Space.,* Städtisches Museum Engen + Galerie, Engen (with Julia Kernbach)
Through My Eyes, Galerie G – Dr. Gudrun Selz, Freiburg
2015 *Bundling. Arranging.,* Kunstraum Vincke-Liepmann, Heidelberg
De-Re-constructions II, Württembergischer Kunstverein Stuttgart (with Hala Elkoussy)
De-Re-constructions I, Galerie Vayhinger, Singen (with H.E.)
My Cairo, Literaturhaus Stuttgart (with H.E.)
My Cairo, Goethe Institut Cairo (with H.E.)
2013 *Between Light, Noise and Silence.,* Galerie G - Dr. Gudrun Selz, Freiburg
2012 *Portraits of a Time,* Kunstverein Hechingen
2011 *The Green, the Street and the Scent of Life,* Safar Khan Gallery, Cairo
Here and There, in my Mind and Body. Galerie Vayhinger, Radolfzell-Moeggingen
2010 *Outside In,* Galerie G – Dr. Gudrun Selz, Freiburg
2009 *Foliage,* Galerie Manfred Rieker, Heilbronn (with Peter Riek)
2008 Städtische Galerie im Kornhaus, Kirchheim unter Teck
2006 *In Strange Gardens,* Galerie G – Dr. Gudrun Selz, Freiburg
November 8th, Stuttgart main station, Turmgalerie Hospitalhof Stuttgart
2005 *Formations,* TTR Technologieparks Tübingen-Reutlingen GmbH, Reutlingen
2004 *Women within Space,* Townhouse Gallery, Cairo (with Hadeel Nazmy)
2004 *Signs. Zeichen,* Akademie Franz Hitze Haus, Münster
2003 *Intermediate Lines,* State Academy of Fine Arts Stuttgart
Where is Homeland? Galerie contact, Städtische Galerie Böblingen
2002 Safar Khan Gallery, Cairo

Group exhibitions (selection)

2020 *New Art in the Old Palace,* Landesmuseum Württemberg, Stuttgart
2018 *Black and White XI,* Galerie Marianne Grob, Basel
2013 *Flora.Flora,* Galerie Manfred Rieker, Heilbronn
2012 *2/3-Dimensional,* Galerie Manfred Rieker, Heilbronn
Vermilion Summer, Künstlerhaus Stuttgart
2011 *carte blanche,* Kunstverein Offenburg Mittelbaden
Le Caire-Mon Amour, project space, Cairo
2010 *This is Supposed to be Art,* Kunstverein Freiburg
2008 *Cairo: Sound Constructions,* Townhouse Gallery, Cairo
2005 *Outlaw,* exhibition in process, Art Villa Garikula, Tblissi, Georgia
2002 *Black and White VII,* Galerie Marianne Grob, Berlin

Bibliography

Barbara Armbruster, drawing, photography, painting, exhibition catalogue, published by State Academy of Fine Arts Stuttgart, 2002
Barbara Armbruster, photography, drawing, painting, exhibition catalogue, edition Hospitalhof Stuttgart 2006, published by Helmut A. Müller
Barbara Armbruster, exhibition catalogue, Safar Khan Gallery, Cairo, 2011
carte blanche, the Künstlerbund Baden-Württemberg in Offenburg and Durbach, published by Künstlerbund Baden-Württemberg e.V., Stuttgart, 2011
Images about Images, Discourses in Art, Daimler Art Collection, published by Renate Wiehager for Daimler, Stuttgart, 2011
Mein Kairo My Cairo, photographs by Barbara Armbruster, Hala Elkoussy, published by Jörg Armbruster, Sulemann Taufik, edition esefeld & traub, Stuttgart, 2014
Find Images, published by TTR Technologieparks Tübingen-Reutlingen Gmbh, Reutlingen, 2016
Idea Draft Concept, published by Künstlerbund Baden-Württemberg e.V., Stuttgart 2018

Impressum | Colophon

Zur Präsentation dieses Buches veranstaltet die Galerie Vayinger, Singen Hohentwiel die Ausstellung Wundersame Begegnung 02. – 25. November 2019 | *On the occasion of this book launch Galerie Vayinger, Singen Hohentwiel, stages the exhibiton Wondrous Encounter, November 2nd – 25th, 2019*

Herausgeber | *Editor*
edition cantz

Konzeption | *Concept*
Redaktion | *Managing editor*
Barbara Armbruster

Gestaltung | *Design*
bureau-progressiv.com
Benjamin Kivikoski & Philipp Staege

Texte | *Texts*
Barbara Armbruster
Salwa Bakr
Iris Dressler
Marianne Eigenheer
Eva-Marina Froitzheim
Dr. Andreas Gabelmann
José F. A. Oliver
Clemens Ottnad
Vivien Sigmund
Stefanie Stegmann

Übersetzung | *Translation*
David Reling-Burns
Mahmoud Hassanein
Jon Cho-Polizzi
John Jeffrey Collier

Lektorat | *Copy editing*
David Reling-Burns
Dorothee Schöpfer

Fotonachweis | *Photocredits*
Barbara Armbruster
Marc Doradzillo
Wolfgang Folmer
Frank Kleinbach
Florian Schwarz
Bernhard Widmann

Produktion | *Production management*
edition cantz

Gesamtherstellung | *Printing and binding*
Dr. Cantz'sche Druckerei Medien GmbH, Esslingen

Vertrieb und Marketing | *Distribution and marketing*
edition cantz
sales@edition-cantz.de

Erschienen bei | *Published by*
edition cantz
www.edition-cantz.de

ISBN 978-3-947563-64-7
Printed in Germany

Für die Unterstützung des Buches geht mein besonderer Dank an | *For support in the realisation of this book my sincere thanks go to*

Ritter Sport GmbH
Stiftung Landesbank Baden-Württemberg
Stadt Engen im Hegau
&
Galerie G – Dr. Gudrun Selz, Freiburg
Galerie Helena und Werner Vayhinger, Singen Hohentwiel
Kunstraum Vincke-Liepmann, Heidelberg
&
Autoren | *Authors*